B. F. SKINNER

Mas Allá de la Libertad y la Dignidad

B. F. SKINNER

Más Allá de la Libertad y la Dignidad

Edición
Javier Virués Ortega
José I. Navarro Guzmán

Traducción
Juan José Coy Ferrer

La reseña de contraportada de P. Holth es original, la de A. C. Catania ha sido extraida de Catania, A. C. (2021), *Operants*, núm. 4.

Diseño de cubierta y maquetación: Javier Virués Ortega
Editores: Javier Virués Ortega, José I. Navarro Guzmán
Traducción: Juan José Coy Ferrer, Javier Virués Ortega, José I. Navarro Guzmán

Cita de esta obra (APA, 7ª ed.)

Skinner, B. F. (2023). *Más allá de la libertad y la dignidad* (J. Virués Ortega, y J. I. Navarro Guzmán, eds.). ABA España. https://doi.org/10.26741/978-84-09-51960-6 (Original publicado en 1971)

ABA España es una organización dedicada a la difusión, enseñanza e investigación del análisis aplicado de conducta en el mundo de habla hispana con iniciativas educativas, editoriales, tecnológicas y científicas, visítanos en aba-elearning.com

ISBN-13 978-84-09-51960-6 (Edición en rústica)
https://doi.org/10.26741/978-84-09-51960-6
Colección: ABA España Clásicos
Año de publicación: 2023

Nota de los editores

Agradecemos el apoyo prestado por *B. F. Skinner Foundation* y el traductor original, el Sr. Coy Ferrer, a la presente reedición. Agustín Pérez-Bustamante Pereira ayudó durante el proceso de obtención de los derechos editoriales de la traducción. Se ha realizado una amplia revisión y actualización de la terminología utilizada en el texto. La maquetación de la presente edición pretende emular aquella de la edición original de 1971. Las notas del traductor y el editor no tienen afán de exhaustividad y aportan contexto donde ha parecido necesario. La traducción de las notas del autor es propia de esta edición, así como su estilo de numeración. El índice final es original y se apoya laxamente en el trabajo de Terry J. Knapp (*Behaviorism*, 1976, Vol. 2, págs. 180-188). La reseña de contraportada del Dr. Holth es original, mientas que la del Dr. Catania es una cita literal del ensayo aparecido en *Operants,* 2021, núm. 4. Esta edición se ha realizado bajo los auspicios de la Cátedra Externa ABA España de la Universidad de Cádiz.

Contenidos

A

Justine

y

su mundo

Agradecimientos

La preparación de este libro ha contado con el apoyo del National Institute of Mental Health, subvención número K6-MH-21-775-01. Se pueden encontrar presentaciones previas de algunos puntos en "Freedom and the Control of Men", *The American Scholar* (invierno de 1955-1956); "The Control of Human Behaviour", *Transactions of the New York Academy of Sciences* (mayo de 1955); "Some Issues Concerning the Control of Human Behaviour" (con Carl R. Rogers), *Science*, 1956, 124, 1057-1066; "The Design of Cultures", *Daedalus* (número de verano de 1961); y la sección IV de *Ciencia y conducta humana*. Las conferencias Mead-Swing, pronunciadas en el Oberlin College en octubre de 1959, versaron sobre el mismo tema. Agradezco a Carole L. Smith su inestimable ayuda editorial y de otro tipo en la preparación del manuscrito, y a George C. Homans por la lectura crítica del mismo.

B. F. S.

1

Una tecnología de la conducta

Al intentar resolver los problemas que nos afectan en nuestro mundo actual, espontáneamente echamos mano de aquello que somos capaces de hacer mejor. Buscamos seguridad, y la hallamos en la ciencia y la tecnología. Para controlar la explosión demográfica buscamos mejores métodos de control de la natalidad. Amenazados por la posibilidad de un holocausto nuclear, construimos mayores fuerzas disuasoras y sistemas de misiles antibalísticos, pretendemos terminar con el hambre en el mundo mediante nuevos alimentos y mejores métodos de cultivo. Albergamos la esperanza de que procedimientos sanitarios avanzados y una mejor medicina, neutralicen la enfermedad; que sistemas de viviendas y transporte más eficaces resuelvan los problemas de infravivienda y, en fin, que seamos capaces de controlar la creciente contaminación del ambiente por medio de procedimientos más eficaces en la transformación o disminución de residuos. En todos estos sectores podemos comprobar adelantos muy notables, y no tiene nada de particular que intentemos ampliarlos y extenderlos aún más. Pero de hecho las cosas empeoran constantemente y es descorazonador comprobar que buena parte de la culpa es imputable a la tecnología misma. La higiene y los adelantos médicos agudizan el problema demográfico; la guerra ha añadido un nuevo horror a los que le son propios tras el descubrimiento de las armas nucleares; y la búsqueda masiva de felicidad y bienestar es responsable de la contaminación ambiental. Como ha dicho Darlington[1*], "cada nueva fuente de poder para el hombre de hoy, disminuye las perspectivas del hombre del futuro. Todo su progreso, sólo ha sido posible precisamente a costa del daño causado al medio ambiente, un daño que ahora ya resulta irreparable y que no se previó cuando todavía estábamos a tiempo".

[*] *N. del E.:* notas al final de la obra exceptuando las del editor y el traductor indicadas con asterisco.

Si fue previsible o no, puede discutirse, de lo que no hay duda es de que el ser humano tiene que reparar ese daño, o de lo contrario estaremos perdidos. Y sólo puede hacerlo reconociendo y encarando la realidad misma del problema. La sola aplicación de las ciencias físicas y biológicas no resolverá estos problemas, porque las soluciones están en otro campo. Mejores anticonceptivos, ciertamente, pueden contribuir a controlar la explosión demográfica, pero sólo en el caso de que la gente los use. Nuevas armas podrán neutralizar nuevos sistemas defensivos y viceversa, pero el holocausto nuclear sólo se podrá evitar en el caso de que cambien radicalmente las condiciones que hasta ahora han provocado que unas naciones hagan la guerra a otras. De nada servirían nuevos métodos agrícolas y sanitarios sino se llevan a la práctica. Y el problema de la vivienda no se resuelve simplemente construyendo más edificios y ciudades, sino intentando mejorar las condiciones de vida de sus habitantes. El hacinamiento de la población solamente podrá corregirse tratando de convencer a la gente de que no se hacine. Y, finalmente, la contaminación ambiental, tanto terrestre como marítima y atmosférica, seguirá inevitablemente aumentando a menos que, lo que la produce, cese.

En resumidas cuentas, debemos llevar a cabo cambios enormes por lo que a la conducta humana se refiere. Estos cambios no los lograremos echando mano tan sólo de la física o la biología, por mucho que lo intentemos (y hay otros muchos problemas, como, por ejemplo, la crisis de nuestro sistema educativo, y el desinterés y rebeldía juveniles: ante este tipo de conflictos sí que resultan tan obviamente irrelevantes las técnicas física y biológica que nunca se le ha ocurrido a nadie aplicarlas para resolverlos). No es suficiente, como se suele decir a veces, "usar la tecnología con un conocimiento profundo de las realidades humanas", o bien "acomodar la tecnología a las exigencias espirituales del ser humano", o todavía más, "estimular a la tecnología para que haga frente a los problemas humanos". Tales expresiones implican que allá donde la conducta humana comienza, allí termina la tecnología. Y no debemos continuar, como en el pasado, con lo que hemos aprendido por experiencia personal, o gracias a lo que sabemos a partir de esa serie de experiencias personales que llamamos historia, o de esos otros destellos de experiencia que surgen aquí y allá en la sabiduría popular y en las reglas prácticas más elementales. Durante muchos siglos esto es lo que hemos tenido a mano... y así nos luce el pelo.

Lo que necesitamos es una tecnología de la conducta. Podríamos solucionar nuestros problemas con la rapidez suficiente si pudiéramos ajustar, por ejemplo, el crecimiento de la población mundial con la misma exactitud con que determinamos el curso de una aeronave; o si pudiéramos mejorar la agricultura y la industria con el mismo grado de seguridad con que aceleramos partículas de alta energía; o marchar hacia un mundo en paz con un progreso, siquiera parecido al seguido por la física en su camino hacia el cero absoluto (si bien ambas cosas sin duda permanecerán fuera de nuestro alcance). Pero ciertamente no tenemos una tecnología conductual comparable en poder y precisión a la tecnología física y biológica, y todos aquellos que no encuentren ridícula semejante posibilidad, quizá se asusten por ello más que tranquilizarse. ¡Qué lejos estamos de "conocer las realidades humanas", en el sentido en que la física y la biología conocen sus respectivas esferas! Y mucho, igualmente, es lo que nos falta para llegar a ser capaces de evitar la catástrofe hacia la que el mundo parece moverse inexorablemente.

Hace dos mil quinientos años se podría haber dicho que el ser humano se comprendía a sí mismo tan bien como cualquier otro aspecto de su mundo. Hoy, es lo que menos comprende. La física y la biología han avanzado mucho, pero no se ha producido el desarrollo paralelo equivalente, ni nada que se le parezca, por lo que a una ciencia de la conducta humana se refiere. La física y la biología griegas tienen hoy día tan sólo un valor histórico y a ningún físico o biólogo contemporáneo se le ocurriría buscar en Aristóteles la solución a cualquiera de sus problemas. Sin embargo, los diálogos de Platón son lectura obligada para los estudiantes, y se les cita con frecuencia como si dieran luz esclarecedora para explicar la conducta humana actual. Muy probablemente Aristóteles sería incapaz de entender una sola página de cualquier tratado actual de física o biología y, en cambio, Sócrates y sus amigos tendrían muy poca dificultad en seguir cómodamente la mayoría de las discusiones contemporáneas concernientes a nuestros problemas humanos. Y, por lo que a la tecnología se refiere, hemos llevado a cabo grandes avances en el control del mundo físico y biológico, pero nuestros procedimientos educativos, nuestros sistemas de gobierno y la economía en gran medida, aunque adaptados ocasionalmente a muy diversas circunstancias, de hecho, apenas han mejorado en nada.

Difícilmente podemos explicar esta realidad diciendo que los griegos sabían cuanto sobre la conducta humana se puede llegar a saber. Ciertamente, sabían más en este terreno de lo que conocían, por ejemplo, sobre su mundo físico circundante: pero decir esto no es decir apenas nada. Más aún, su forma de pensar con respecto a la conducta humana debió tener graves fallos. Pues mientras que la física y la biología griegas sentaron las bases —por muy elementales que fueran— de las que con el tiempo surgió la ciencia moderna, las teorías griegas sobre la conducta humana, por el contrario, no han sentado las bases de nada. Si aún hoy permanecen vigentes, no es debido a que poseyeran cierto género de verdad eterna, sino porque no contenían los gérmenes de nada mejor.

Siempre se puede decir que la conducta humana es un terreno particularmente difícil. Así es, en efecto, y somos especialmente propensos a pensar de esta forma en vista de nuestra ineptitud para estudiar este asunto. Pero, en cambio, la física y la biología modernas estudian problemas que, ciertamente, no son mucho más simples de lo que pueda serlo la conducta humana en muchos de sus aspectos. La diferencia estriba en que los instrumentos y métodos que utilizan físicos y biólogos tienen una complejidad conmensurable. El hecho, por tanto, de que instrumentos y métodos igualmente poderosos no estén al alcance de la ciencia de la conducta humana es sólo una parte de la explicación del rompecabezas. ¿O acaso ha sido más fácil poner a una persona en la luna de lo que sería mejorar la educación de nuestros centros de enseñanza? ¿O que mejorar las condiciones de vivienda y ambiente para todo el mundo? ¿O que hacer posible y asequible para todos un empleo adecuado, mejorando de esta forma el nivel de vida? La elección, por otra parte, no ha tenido nada que ver con la urgencia de los problemas mismos porque a nadie se le ocurriría decir que llegar a la luna sea un asunto tan vital. Lo estimulante, al pensar en llegar a la luna, era precisamente la posibilidad en sí misma. La ciencia y la tecnología habían avanzado hasta un punto tal que, con un esfuerzo adicional, la meta podía conseguirse. Semejantes estímulos no se dan paralelamente, por el contrario, con respecto a los problemas que plantea la conducta humana: no entrevemos las soluciones.

Es fácil, en estas circunstancias, llegar a la conclusión de que algo debe haber en la conducta humana que haga imposible un análisis científico y, por tanto, una tecnología eficaz, pero lo cierto es que de ninguna manera puede decirse que hayamos agotado las posibilidades en esta dirección. En cierto sentido podríamos hasta afirmar que los métodos científicos apenas han sido aplicados a la conducta humana. Hemos utilizado, es cierto, algunos instrumentos de la ciencia; hemos contado y medido y comparado; sin embargo, se echa de menos algo esencial a la práctica científica en cuantas discusiones se llevan a cabo actualmente con referencia a este problema de la conducta humana: esta ausencia se refiere a nuestra forma de tratamiento de las causas de esa conducta[2] (el término "causa" ya no es frecuente en escritos científicos especializados, pero en nuestro actual contexto resulta bastante apropiado).

La primera experiencia del ser humano respecto a las causas vino muy probablemente de su propia conducta: las cosas se movían precisamente porque él, el individuo, las hacía mover. Si otras cosas se movían se debía a que alguien las ponía en movimiento, y si ese motor no era detectable para la sensibilidad humana, eso se debía a que era efectivamente invisible. Los dioses griegos fueron útiles en este aspecto, como causas de los fenómenos físicos. Permanecían normalmente al margen de las cosas mismas que ellos movían, pero, por otra parte, podían interiorizarse en ellas, e incluso "poseerlas[3]". Pronto la física y la biología descartaron este tipo de explicaciones y se fijaron en causas de más utilidad, pero este mismo paso, importante, no se produjo paralelamente en el campo de la conducta humana. Es cierto que ninguna persona inteligente sigue creyendo que las personas puedan ser poseídas por el demonio (aunque los exorcismos para alejar espíritus malignos se sigan practicando ocasionalmente y lo demoníaco haya reaparecido en la literatura de algunos psicoterapeutas). Pero, en cualquier caso, la conducta humana se sigue comprendiendo, y justificando, mediante el recurso a ciertos agentes innatos. Se dice, por ejemplo, que un delincuente juvenil quizás actúe como lo hace a causa de su personalidad alterada. No tendría sentido hacer esta afirmación a menos que se pensara en esa personalidad como en algo distinto de la persona misma que tiene este problema. La distinción resulta clara cuando se asegura que una misma persona es susceptible de adoptar diversas personalidades que actúan de forma diferente en según qué momentos y situaciones. Los psicoanalistas han identificado tres de estas personalidades —el *ego*, el *superego* y el *id*— y se asegura sin lugar a dudas que las interacciones mutuas de las tres son las responsables, en última instancia, de la conducta de la persona en la que se encarnan.

Aunque la física pronto deja de personificar las cosas, continúa, no obstante, hablando durante mucho tiempo como si tuvieran voluntad, impulsos, sensibilidad, propósitos y otras propiedades fragmentarias de un agente interno y activo. Según asegura Butterfield[4], Aristóteles opinaba que un cuerpo descendente aceleraba la velocidad de su caída porque, conforme se iba acercando a su destino, se sentía más y más excitado e impaciente ante la perspectiva de llegar. Autoridades posteriores suponían que un proyectil era impulsado hacia delante por una fuerza, con frecuencia denominada "impetuosidad". Todo esto fue finalmente descartado, no hace falta decir que afortunadamente, pero las ciencias conductuales todavía siguen apelando a situaciones internas comparables. Nadie se sorprende al oír que una persona que lleva buenas noticias acelera el paso porque experimenta la jubilosa urgencia de comunicarlas, o que otra actúa descuidadamente a causa de su impetuosidad. O que una tercera se empecina tenazmente en una determinada norma de conducta porque tiene fuerza de voluntad. Tanto en física como en biología, todavía encontramos algunas referencias gratuitas al "propósito", pero la práctica rigurosa de ambas ciencias las descarta; sin embargo, casi todo el mundo sigue atribuyendo a la conducta humana intenciones, propósitos, objetivos y metas. Si aúnes posible formular la pregunta de si una máquina puede expresar algún propósito, el interrogante implica precisamente, de modo significativo, que si así fuera podría asemejarse más al ser humano.

La física y la biología se apartaron más todavía de estas causas personificadas cuando comenzaron a atribuir la conducta de las cosas a esencias, cualidades o naturalezas. Para el alquimista medieval, por ejemplo, algunas de las propiedades de una sustancia podían deberse a la esencia mercurial, y las sustancias eran comparadas unas a otras en la que muy bien podría ser denominada "química de las diferencias individuales". Newton ya se quejaba de la práctica de sus contemporáneos: "Decir que cada especie de cosas está constituida por una cualidad específica oculta, en virtud de la cual actúa y produce efectos manifiestos... es no decir nada". (Esas cualidades ocultas eran buenos ejemplos de las hipótesis que Newton rechazaba cuando aseguraba que "hypotheses non fingo*", aunque, de hecho, sus mismos actos no fueran coherentes con sus palabras). La biología todavía continuó durante mucho tiempo apelando a la *naturaleza* de las cosas vivas; y no abandonó por completo el recurso a las "fuerzas vitales" hasta el siglo XX. La conducta, sin embargo, todavía se atribuye a la naturaleza humana, y existe, de hecho, una amplia "psicología de las diferencias individuales" en la que a los individuos se les compara y se les describe en términos de peculiaridades de carácter, capacidades y aptitudes.

Casi todos los que de una u otra forma se preocupan por los problemas humanos continúan hablando sobre la conducta humana en estos términos precientíficos. Así, los teóricos de la política, los filósofos, humanistas, economistas, psicólogos, lingüistas, sociólogos, teólogos, antropólogos, educadores o psicoterapeutas actúan poco más o menos igual. Cada asunto relativo a este tema, ya sea que aparezca en los periódicos, o en revistas y publicaciones especializadas; cada libro que de una u otra manera tenga algo que ver con la conducta humana, nos ofrece cumplidos ejemplos de esta realidad. Se nos dice que, para controlar la explosión demográfica en el mundo, lo que necesitamos es llevar a cabo un profundo *cambio de actitudes* hacia los niños, o bien superar nuestro *orgullo* de poseer una familia numerosa o una gran potencia sexual, o quizá fomentar el *sentido de la responsabilidad* hacia los hijos, o reducir el papel que se le atribuye a una familia numerosa como apaciguadora de la preocupación por la vejez. Al intentar consolidar la paz deberemos tener en cuenta el *deseo de poder* o los *delirios paranoicos* de los líderes. Debemos siempre recordar que las guerras germinan en las *mentes* de las personas, que siempre hay algo en el ser humano que le empuja al suicidio —un *instinto de autodestrucción*, quizá— y que le lleva a la guerra. Y, en fin, que el ser humano es agresivo por *naturaleza*. Para resolver los problemas que plantea la pobreza, nada como fomentar en los desposeídos el *respeto por sí mismos*, estimular su *iniciativa*, reducir su *frustración*. Para mitigar el desinterés apático de los jóvenes debemos proporcionarles *ideales* y tratar de hacer desaparecer sus *sentimientos de alienación* o *desesperanza*. Dándonos cuenta de que no tenemos medios efectivos para llegar a esos fines, quizás experimentemos nosotros mismos una *crisis de fe* o una *pérdida de confianza*, que sólo podrá ser superada recuperando la *fe en las innatas posibilidades del ser humano*. Una etiqueta para cada cosa, y cada cosa con su etiqueta: problema resuelto. Esto es algo que ni se pone en duda ni se cuestiona. Y, sin embargo, no existe nada semejante en la física moderna, y apenas nada en la

* *N. del E.:* literalmente, no propongo hipótesis, según cita de *Philosophiae Naturalis Principia Mathematica.*

biología. Este hecho puede muy bien explicar por qué se ha retrasado tanto la aparición de la ciencia y la tecnología de la conducta.

Se supone generalmente que la objeción "conductista" a las ideas, sentimientos, peculiaridades de carácter, voluntad, etcétera, concierne a aquello de lo cual se dicen estar hechos. Algunas preguntas tenazmente mantenidas sobre la naturaleza de la mente, por supuesto, siempre se han discutido desde hace dos mil quinientos años y aún no tienen respuesta. ¿Cómo puede la mente, por ejemplo, mover el cuerpo? Nada menos que en 1965, Karl Popper pudo formular este interrogante de la siguiente manera: "Lo que pretendemos llegar a entender es cómo realidades no físicas tales como *propósitos, reflexiones, deliberaciones, planes, decisiones, teorías, tensiones* y *valores* pueden llegar a jugar un papel en la producción de cambios precisamente físicos en el mundo físico[5]". Y, por supuesto, que también nosotros pretendemos averiguar el sentido de estas realidades físicas. A esta pregunta los griegos contestaban con sencillez: los dioses. Como ha señalado Dodds[6], los griegos decían que, si alguien se comportaba estúpidamente, se debía simplemente a que un dios hostil había inoculado en su interior el *ἄτη* (insensatez). Mientras que un dios amistosamente favorable podía proporcionarle a un guerrero una ración extra, por decirlo así, de *μένος* (coraje). Con esta ayuda, quedaba garantizado y explicado que el guerrero se batiría brillantemente. Aristóteles creía que había algo divino en la potencia intelectual del ser humano, y Zenón, por su parte, sostuvo que el intelecto *era* Dios.

No podemos hoy aceptar estas explicaciones, desde luego, y entonces la alternativa más común es apelar a acontecimientos físicos anteriores. Sabemos que la herencia genética de una persona, el producto de la evolución de la especie explica satisfactoriamente parte de su actividad mental; el resto, se deriva de su propia historia personal. Por ejemplo: por causa de la competitividad (física) a que se ha visto constreñida la humanidad durante una etapa de su evolución, nos encontramos ahora con sentimientos (no físicos) de agresividad que cristalizan en actos (físicos) de hostilidad. O bien este otro: el castigo (físico) que un niño pequeño recibe al ser sorprendido en alguna actividad sexual, produce sentimientos (no físicos) de ansiedad que influyen en su conducta (física) sexual una vez llegado a la edad adulta. La etapa no física, obviamente, se extiende a largos períodos de tiempo: la agresividad germina hace millones de años en esta historia evolutiva, y aquella ansiedad contraída en la infancia se extiende a la vida adulta y no llega a desaparecer por completo ni siquiera en la vejez.

El problema de pasar de una realidad a otra se podría haber evitado si cada una de ellas fuera autónoma, bien mental, bien física. Ambas posibilidades han tenido su momento.

Algunos filósofos han intentado mantenerse dentro del mundo de la mente aduciendo que sólo la experiencia inmediata es real. La psicología experimental comenzó precisamente como un intento sistemático por descubrir las leyes mentales que gobiernan y regulan las interacciones mutuas entre elementos mentales. Las teorías "intrapsíquicas" contemporáneas, ensayadas por la psicoterapia, nos descubren cómo un sentimiento conduce a otro (cómo la frustración provoca la agresividad, por ejemplo), cómo interactúan los sentimientos, y cómo esos mismos sentimientos que llegan a exteriorizarse pugnan de nuevo por volver al interior de la mente de donde surgieron. La actitud complementaria que asegura que la escena mental tiene una base real física fue formulada, paradójicamente, por Freud. Freud llegó a creer que la fisiología podría llegar por fin a explicar los mecanismos del tejemaneje mental. Con una inspiración similar, muchos psicofisiólogos continúan hablando sin recato sobre estados mentales, sentimientos, etc., convencidos de que es tan sólo cuestión de tiempo el que lleguemos a entender y comprobar cómo efectivamente se trata de fenómenos de naturaleza física.

Las dimensiones del mundo mental y las transiciones de un mundo a otro ciertamente plantean problemas muy espinosos, pero resulta viable el ignorarlos normalmente, aunque no sea sino por razones de estrategia, ya que la grave objeción al mentalismo es de muy distinta naturaleza: el mundo de la mente escapa a toda demostración y la conducta no se reconoce en sí misma como objeto de estudio[7]. En psicoterapia, por ejemplo, las cosas extrañas que una persona dice o hace son consideradas casi siempre como meros síntomas, y, en comparación con los dramas realmente fascinantes que tienen lugar en las profundidades de la mente, la conducta misma aparece, por cierto, como algo muy superficial. En lingüística y crítica literaria es práctica común que lo que alguien dice se considere casi exclusivamente como expresión de ideas o sentimientos. En ciencia política, teología o economía, la conducta se considera habitualmente como la materia prima básica a partir de la cual uno infiere actitudes, intenciones, necesidades, etc. Durante más de dos mil quinientos años se ha prestado estrecha atención a la vida mental, pero sólo en tiempos muy recientes se ha comenzado a poner empeño en considerar la conducta humana como algo más que una mera derivación de aquélla.

También se descuidan las condiciones de las cuales la conducta no es sino la función. La explicación mental pronto agota la curiosidad. El efecto lo comprobamos en conversaciones normales. Si le preguntamos a alguien, "¿Por qué vas al teatro?", nos dirá quizá: "Porque me gusta". Y la respuesta la aceptamos sin más, como un género de explicación. Mucho más significativo sería el saber qué le ha sucedido cuando ha ido al teatro en ocasiones anteriores, qué oyó o leyó con referencia a la obra que vio representada, y qué otros hechos, pasados o presentes, en su propio contexto, le pudieron inducir a asistir a dichas representaciones (precisamente a ellas, en cuanto distintas de cualquier otra actividad a la que se podría haber dedicado: por qué fue al teatro y no al cine, por ejemplo). Y, sin embargo, aceptamos el "porque me gusta" como una especie de resumen de todo lo anterior. No consideramos de importancia el entrar en detalles.

El psicólogo profesional con frecuencia se detiene al mismo nivel. Hace ya mucho tiempo que William James[8] corrigió la interpretación, muy común entonces, con respecto a la relación existente entre sentimientos y acción. Y aseguró, por ejemplo, que no escapamos porque tenemos miedo, sino que tenemos miedo porque escapamos. En otras palabras, lo que sentimos cuando tenemos miedo es nuestra conducta (la propia conducta que, en la interpretación tradicional, expresa el sentimiento y es explicada por él). Pero, ¿cuántos de los que han examinado el argumento de James han caído en la cuenta de que no ha sido siquiera mencionado suceso anterior alguno? Ninguno de estos "porque" debería ser tomado en serio. De hecho, no se ha explicado todavía por qué escapamos y por qué sentimos miedo.

Ya nos consideremos a nosotros mismos explicando sentimientos, ya creamos que es la conducta la que es causada por ellos, lo cierto es que prestamos muy poca atención a las circunstancias anteriores. El psicoterapeuta conoce los antecedentes vitales de su paciente casi exclusivamente por boca de su paciente mismo, es decir, a partir de sus propios recuerdos. Esos recuerdos sabemos que no son fidedignos. Pero es posible que incluso el propio psicoanalista esté convencido de que lo importante no estriba en que, de hecho, realmente, ocurriera aquello que su paciente le cuenta, sino que lo básico está en la forma en que el paciente lo recuerda y qué es exactamente lo que recuerda, En la literatura psicoanalítica hay al menos cien referencias a la ansiedad por cada referencia a un episodio de castigo al cual la ansiedad podría ser atribuida. Incluso se diría que preferimos sucesos muy anteriores, que claramente quedan fuera de nuestro alcance. Por ejemplo, existe en la actualidad un enorme grado de interés por averiguar lo que debió suceder durante la evolución de la especie, para llegar a explicar la conducta humana. Y a primera vista se diría que hablamos con especial seguridad precisamente porque aquello que realmente sucedió tan sólo puede ser inferido o imaginado.

Incapaces de comprender cómo y por qué la persona que observamos se comporta como lo hace, atribuimos su conducta a una persona a la que no podemos ver. Una persona cuya conducta, es cierto, tampoco podemos explicar, pero sobre la cual ya no somos propensos a indagar demasiado o a hacer preguntas. Muy probablemente adoptamos esta estrategia, no tanto por falta de interés o posibilidades, cuanto por causa de una convicción antigua y arraigada según la cual la conducta humana, en su mayor parte, carece de antecedentes de importancia. La función del ser interior consiste en proporcionar una explicación que a cambio no pueda ser explicada. La explicación concluye, pues, en ese ser interior. No es un nexo de unión entre un pasado histórico y la conducta actual, sino que se convierte en el centro de emanación de la conducta misma. Inicia, origina y crea, y al actuar así se convierte, como fue el caso entre los griegos, en algo divino. Aseguramos que ese ser es autónomo, lo cual es tanto como decir milagroso, al menos desde el punto de vista de la ciencia de la conducta.

Esta actitud, por supuesto, es vulnerable. La tesis de la persona como ser autónomo nos sirve para poder llegar a explicar cuanto resulte inexplicable desde cualquier otro punto de vista. Su existencia depende de nuestra 1gnorancia, y va progresivamente descendiendo de status conforme vamos conociendo más y más sobre la conducta. El cometido de un análisis científico consiste en explicar cómo la conducta de una persona, en cuanto sistema físico, se relaciona con las condiciones bajo las cuales vive el individuo. A menos que exista alguna intervención caprichosa o creacionista, estos hechos deben estar relacionados, y de esta forma ninguna otra intervención resulta ya necesaria. Las contingencias de supervivencia, responsables de la herencia genética del ser humano, es posible que le produjeran la tendencia a *actuar* agresivamente, pero no en cambio sentimientos de agresividad. El castigar la *conducta* sexual cambia la conducta sexual, y cualquier sentimiento que pudiera surgir por ello no podría ser considerado, en el mejor de los casos, sino como una consecuencia. Nuestra época no sufre por ansiedad, sino por accidentes, crímenes, guerras y otras realidades dolorosas y llenas de peligro a las cuales la gente, con tanta frecuencia, queda expuesta. Los jóvenes no abandonan los centros de enseñanza, ni rechazan el trabajo, ni se asocian con los de su edad, precisamente porque estén alienados, sino más bien por causa del ambiente social defectuoso que encuentran en sus propias casas, en las escuelas, en las fábricas y en cualquier otro sitio.

Deberíamos seguir el camino que nos trazan la física y la biología. Deberíamos prestar atención directamente a la relación existente entre la conducta y su ambiente, olvidando supuestos estados mentales intermedios. La física no avanzó concentrando su atención en el júbilo de un cuerpo descendente, tanto más acelerado cuanto más jubiloso. Ni la biología avanzó, como lo ha hecho, a base de tratar de descifrar la naturaleza de espíritus vitales. Por nuestra parte, podemos decir, en consecuencia, que para llegar a un análisis científico de la conducta no necesitamos intentar descubrir qué son y qué no son personalidades, estados mentales, sentimientos, peculiaridades del carácter, planes, propósitos, intenciones, o cualquier otro pre-requisito de un problemático ser humano autónomo.

Existen razones que justifican la larga demora que ha tomado llegar a este punto. La física y la biología tienen por objeto el estudio de realidades que no se parecen mucho, es cierto, a las personas. Y, a fin de cuentas, casi parece ridículo hablar del júbilo de un cuerpo en descenso acelerado, o de la impetuosidad de un proyectil. Pero las personas sí se comportan como personas, y el ser exterior cuya conducta debemos explicar podría parecerse bastante al ser interior cuya conducta dice explicar a aquél. El ser interior bien podemos afirmar que ha sido creado a imagen del exterior.

Pero todavía hay una razón más importante, y es ésta: el ser interior parece ser observado con frecuencia directamente. Podemos deducir (sólo deducir) el júbilo de un cuerpo en descenso. Pero, ¿acaso no podemos *sentir* nuestro propio júbilo? En verdad sentimos ciertas cosas en lo más profundo de nuestro ser, pero no sentimos las cosas que han sido inventadas para explicar la conducta. El poseso no siente al *demonio* que le posee, y hasta puede que llegue a negar su existencia. El delincuente juvenil no experimenta su *personalidad desajustada*, La persona inteligente no siente su *inteligencia*, ni el introvertido su *introversión*. (En efecto, se asegura que estas dimensiones de la mente o del carácter resultan solamente observables a través de complejos procedimientos estadísticos). El que habla no va experimentando las *reglas gramaticales* que se supone aplica en cada una de las frases que construye. Y los personas se expresaron gramaticalmente durante miles de años sin que a nadie se le ocurriera siquiera pensar, hasta muy tarde, en la existencia misma de las reglas. Al responder a un cuestionario, nadie siente las *actitudes* u *opiniones* que le inducen a responder de una forma determinada. En cambio, sentimos ciertas condiciones corporales asociadas a la conducta, pero como Freud puso de relieve, nos comportamos de idéntica forma cuando no las experimentamos. Son subproductos, y nunca debieran ser confundidas con causas.

Hay otra razón mucho más importante que justifica esta lentitud con que hemos ido descartando explicaciones mentalistas: ha sido difícil llegar a encontrar alternativas. Es relativamente fácil rechazar lo que nos parece incorrecto, pero no lo es tanto sustituir con teorías positivas aquello que se rechaza como inadecuado. Se supone que esas alternativas debemos encontrarlas en el mundo exterior, pero el papel de ese mundo exterior en modo alguno puede decirse que esté claro. La historia de la teoría de la evolución ilustra el problema. Hasta el siglo XIX se pensaba en el mundo exterior como en un escenario pasivo en el que nacían multitud de diferentes clases de organismos, en él crecían y luego morían. Nadie pareció entender que ese ambiente externo era el responsable de esa variedad de organismos (y tal hecho, significativamente, era atribuido a la actividad de una Mente creadora). El problema estriba en que ese ambiente actúa de forma muy poco obvia: porque no empuja o absorbe, sino que selecciona. Durante miles de años en la historia del pensamiento humano el proceso de selección natural pasó desapercibido, a pesar de su enorme importancia. Cuando finalmente fue descubierto se convirtió, por supuesto, en la clave de la teoría evolucionista.

El efecto del ambiente en la conducta humana permaneció en la oscuridad durante mucho más tiempo todavía[9]. Podemos comprobar la forma en que esos organismos afectan al mundo exterior puesto que toman de él lo que necesitan y se defienden de sus asechanzas. Pero resulta mucho más difícil comprobar inversamente cuáles son los efectos que produce el mundo en ellos. Fue Descartes quien por primera vez enunció la posibilidad de que el ambiente pudiera tener un papel activo en la determinación de la conducta, y pudo hacerlo así sólo porque se encontró con una importante pista[10]. Supo de la existencia de ciertos automatismos, en los Jardines Reales de Francia, que funcionaban mediante procedimientos hidráulicos accionados por válvulas ocultas. Como el propio Descartes describe, al entrar la gente a los jardines "necesariamente se dirigían a unas plataformas, de tal manera dispuestas que, si se acercaban, por ejemplo, a una escultura de Diana bañándose, hacían que se ocultara entre unos arbustos. Y si intentaban seguirla, se provocaba la aparición de un Neptuno que salía a su encuentro amenazándoles tridente en mano". Estas figuras resultaban entretenidas justamente porque actuaban como personas. De aquí se sacaba en consecuencia que algo muy semejante a la conducta humana se podía explicar por causas mecánicas. Y Descartes siguió esta pista: quizá los organismos vivos pudieran actuar por razones semejantes (de esos organismos excluyó al ser humano, para ahorrarse, probablemente, controversias con la iglesia).

El efecto impulsor del ambiente vino a llamarse "stimulus", palabra latina que significa garrocha*, y el efecto producido en un organismo, "respuesta". Conjuntamente constituyen lo que se llamó "reflejo". Los reflejos fueron comprobados, en primer lugar, en pequeños animales decapitados, tales como salamandras. Y resulta significativo el hecho de que este principio fue puesto en tela de juicio a lo largo de todo el siglo XIX precisamente porque parecía contradecir la existencia de un agente autónomo (el "alma de la espina dorsal") al que hasta entonces se había atribuido la razón del movimiento de un cuerpo decapitado. Cuando Pavlov demostró que se podían producir nuevos reflejos a partir de determinados condicionamientos, nació toda una nueva psicología en torno a las relaciones estímulo-respuesta. En esta nueva perspectiva se consideró que toda conducta obedecía a las reacciones que los estímulos provocaban. Un escritor explicaba así todo esto: "Se nos induce o se nos fustiga a lo largo de toda nuestra vida[11]". Sin embargo, el modelo estimulo-respuesta nunca llegó a ser enteramente convincente, pues de hecho no solucionó el problema básico: era imprescindible algo así como inventar un ser interior que transformara el estímulo en respuesta, La teoría de la información pecó de lo mismo porque exigía un "ordenador" interior que convirtiera el "input" en "output".

* *N. del E.:* vara que se utiliza para dirigir el ganado.

El efecto elicitador de un estímulo se comprueba con relativa facilidad, y no sorprende que la hipótesis cartesiana se mantuviera vigente durante mucho tiempo al hablar de la teoría de la conducta. Pero en realidad fue una pista falsa, de la cual sólo ahora se empieza a recuperar la ciencia. El ambiente no solamente impulsa o encadena, sino que *selecciona*. Su función es semejante a la de la selección natural, aunque a una escala de tiempo muy distinta, y por lo mismo fue descuidada durante muchos años. Aparece claro ahora, por tanto, que debemos tener en cuenta no sólo cómo afecta el ambiente a un organismo antes de que se produzca esa influencia, sino también la respuesta posterior. La conducta queda afectada y cristalizada precisamente por sus propias consecuencias. Una vez reconocido el hecho, podemos ya empezar a formular de manera mucho más articulada la interacción que se produce entre el organismo y el ambiente.

Se dan dos efectos importantes. Uno se refiere al análisis básico. La conducta que actúa sobre el ambiente para producir consecuencias (conducta "operante"[12]) puede estudiarse controlando los ambientes de los que esas consecuencias especificas dependen. Las variantes ambientales, objeto de investigación, son cada día más y más complejas, y una tras otra sustituyen, en su función explicativa, a aquellas realidades que antiguamente servían para este menester: personalidades, estados mentales, sentimientos, peculiaridades del carácter, propósitos e intenciones. El segundo resultado es de orden práctico: el ambiente puede ser utilizado a voluntad. Es cierto que sólo muy lentamente puede llegar a cambiarse la cualidad genética del ser humano, pero los cambios en el ambiente en el que se mueve un individuo producen efectos rápidos y dramáticos. Una tecnología de la conducta "operante" ya está, como habremos de ver, bastante avanzada. Y es posible que se demuestre como de aplicación viable a nuestros problemas[13].

Sin embargo, semejante posibilidad hace surgir otro problema, que debemos resolver a toda costa si queremos, en efecto, sacar partido a nuestros progresos. Hemos avanzado descartando explicaciones ligadas al ser autónomo, pero éste no ha hecho mutis elegantemente, sin más. Sigue conservando una función amenazadora desde una especie de retaguardia, desde la cual, por desgracia, puede llegar a polarizar una adhesión formidable. Todavía sigue siendo figura importante en el terreno de la ciencia política, en jurisprudencia, religión, antropología, sociología, psicoterapia, filosofía, ética, historia, educación, pediatría, lingüística, arquitectura, urbanismo y vida familiar. Estos campos tienen sus especialistas, cada especialista tiene su teoría: y casi en cada una de esas teorías la autonomía del individuo sigue dándose por supuesta.

El ser interior no queda seriamente amenazado por los datos obtenidos a través de la observación casual, ni por los estudios en el campo de la estructura de la conducta. Por otra parte, muchas de estas especialidades sólo tratan con grupos de personas, y, así, los datos estadísticos o fácticos imponen pocas limitaciones al individuo concreto. El resultado es un peso enorme de "conocimiento" tradicional que debe ser poco a poco corregido o eliminado por medio de un análisis científico.

Dos facetas, particularmente, del ser autónomo causan dificultades. Desde el punto de vista tradicional, la persona es libre. Es, por tanto, autónoma en el sentido de que su conducta no tiene causas. Por consiguiente, es responsable de lo que hace y será justamente castigado cuando lo merezca. Esta opinión, así como sus consecuencias prácticas inherentes, debe ser re-examinada cuando un análisis científico revela relaciones de control insospechadas entre la conducta y el ambiente. Un control externo hasta cierto punto es aceptado. Los teólogos, por ejemplo, reconocen el hecho de que el individuo debe estar predestinado para hacer lo que un Dios omnisciente sabe que hará. Y para el dramaturgo clásico griego existía, como tema favorito de sus construcciones dramáticas, el hado inexorable. Adivinos y astrólogos, con frecuencia aseguran que son capaces de predecir lo que haremos, y de hecho observamos que el oficio ha tenido siempre clientela. Biógrafos e historiadores se han preocupado por encontrar "influencias" en las vidas de los individuos y de los pueblos. La sabiduría popular y las intuiciones de ensayistas como Montaigne o Bacon implican algún género de posibilidad de predicción, con respecto a la conducta humana, y las evidencias estadísticas y fácticas de las ciencias sociales apuntan en la misma dirección.

El ser autónomo sobrevive a todo esto porque se convierte en la afortunada excepción. Los teólogos han encontrado la forma de hacer compatibles la predestinación y la libertad. Y el espectador griego, conmovido hasta la catarsis por la representación objetiva del destino fatal, sale del teatro verdaderamente liberado. La muerte de un líder político, o una tormenta en el mar, han cambiado a veces el curso de la historia, de la misma forma que una vida humana queda afectada por un maestro o una experiencia sentimental. Pero éstas no son cosas que ocurran a todo el mundo, y no afectan de la misma forma a aquellos a quienes alcanzan. Algunos historiadores, haciendo de la necesidad virtud, ensalzan la imprevisibilidad de la historia. Con frecuencia se hace caso omiso de la evidencia fáctica: leemos, por ejemplo, que cientos de personas perderán la vida en accidentes de tráfico durante el próximo fin de semana de puente. Y, sin embargo, nos lanzamos a las carreteras como si aquello no fuera con nosotros. Muy poca ciencia de la conducta exhibe "el espectro del hombre predecible". En cambio, muchos antropólogos, sociólogos y psicólogos han utilizado su conocimiento especializado para demostrar que la persona es libre, voluntarista y responsable. Freud fue un determinista (así se cree, aunque no exista evidencia), pero muchos freudianos no tienen empacho en asegurar a sus pacientes que son libres de escoger una u otra norma de acción. Y que son, en definitiva, los arquitectos de sus propios destinos.

Esta puerta falsa va poco a poco cerrándose, conforme se van descubriendo nuevas evidencias de la previsibilidad de la conducta humana. La exención personal de un completo determinismo va quedando descartada, conforme avanza el análisis científico, especialmente en cuanto se refiere a la conducta del individuo. Joseph Wood Krutch reconoce los hechos fácticos al mismo tiempo que sigue insistiendo en la libertad personal:

> "Podemos predecir con un considerable grado de aproximación cuánta gente irá a la playa un día en que la temperatura suba hasta según qué punto; incluso cuántos se lanzarán mortalmente desde un puente... aunque ni yo ni usted estemos obligados a adoptar cualquiera de estas dos alternativas[14]".

Lo que Krutch difícilmente quiere significar es que aquellos que van a la playa no tengan alguna buena razón para hacerlo; o que las circunstancias en la vida de un suicida carezcan de significado con respecto al hecho mismo de arrojarse al vacío desde un puente. La distinción es tan sólo defendible mientras la palabra "obligar" sugiera un modo de control particularmente evidente y poderoso. Un análisis científico va, naturalmente, dirigido a clarificar todo tipo de relaciones de control.

Al poner en duda el control ejercido por el ser autónomo, y al demostrar el ejercido por el ambiente, la ciencia de la conducta parece, por ello mismo, poner en duda la dignidad. Una persona es responsable de su conducta, no sólo en el sentido de ser susceptible de amonestación o castigo cuando se comporta mal, sino también en el de reconocerle mérito y admirarle por sus logros positivos. Un análisis científico transfiere, tanto el mérito como el demérito, al ambiente. Y de esta forma son ya injustificables las prácticas tradicionales. Estos cambios son omnivalentes, completos, lo abarcan todo, y aquellos que siguen aferrándose a teorías tradicionales, lógicamente no los pueden aceptar,

Hay una tercera fuente de problemática en este terreno: y es que, conforme el énfasis queda transferido al ambiente, el individuo parece expuesto a una nueva clase de peligro. ¿Quién habrá de construir ese ambiente que determina la conducta humana? ¿Con qué finalidad se construirá? El ser autónomo quizá pudiera decirse que se controla a sí mismo de acuerdo con una jerarquía de valores que le es internamente consustancial. Se afana tras lo que considera bueno. ¿Pero qué será lo bueno para este controlador ambiental? Y lo que según él sea bueno, ¿lo será también para aquellos a quienes controla? Las respuestas a preguntas de esta naturaleza exigen, por supuesto, juicios de valor.

Libertad, dignidad y valor, son asuntos importantes. Y, desgraciadamente, llegan a ser cada vez más cruciales, conforme el poder de una tecnología de la conducta se convierte en algo más y más proporcionado a los problemas que debe resolver. El mismísimo cambio que nos proporciona ciertas esperanzas de solución, acarrea inevitablemente una oposición cada día creciente a este tipo de solución propuesta. Este conflicto constituye en sí mismo un problema en el terreno de la conducta humana, y como tal puede ser considerado. Una ciencia de la conducta en modo alguno está tan avanzada como la física o la biología. Pero tiene, en cambio, una ventaja sobre ella: su progreso da nueva luz a sus propias dificultades, ya que también la ciencia es conducta humana. Lo mismo sucede por lo que a la oposición a la ciencia se refiere: anti-ciencia es conducta humana. ¿Qué le ha sucedido al ser humano en su lucha hacia la libertad y la dignidad? ¿Y qué problemas surgen cuando el conocimiento científico adquiere relevancia en esa lucha? Las respuestas a estas preguntas quizá nos ayuden a clarificar el camino, en la búsqueda de la tecnología que tan urgentemente necesitamos.

En las páginas que siguen trataremos estos temas "desde un punto de vista científico". Pero esto no significa que el lector necesite conocer los detalles de un análisis científico de la conducta. Una simple interpretación será suficiente. La naturaleza de tal comprensión, sin embargo, fácilmente se malinterpreta. Con frecuencia hablamos de ciertas cosas que no podemos observar o medir con la precisión que exige un análisis científico, y al hacer esto nos beneficiamos de modo importante utilizando términos y principios que han sido elaborados en circunstancias mucho más precisas. El mar, al anochecer, brilla con una luz extraña, el hielo cristaliza en la ventana en formas caprichosas, la sopa no termina de adquirir consistencia en el hornillo: y los especialistas nos explican por qué. Podemos, por supuesto, poner en duda esas explicaciones: no conocen "los hechos" y lo que afirman no puede ser "demostrado", pero en cualquier caso tienen más probabilidades de acertar que aquellos que carecen de experiencia. Y solamente ellos pueden orientarnos para seguir estudiando el problema en caso de que merezca la pena.

Un análisis experimental de la conducta ofrece ventajas semejantes. Cuando hemos observado procesos conductuales en condiciones controladas, podemos más fácilmente localizarlos reintegrándolos a su más amplio contexto. Podemos identificar aspectos significativos de conducta y de ambiente, descuidando, por tanto, otros que resulten menos significativos por mucho interés que sean capaces de despertar en nosotros. Podemos rechazar explicaciones tradicionales siempre que las hayamos contrastado, revelándose como inoperantes en un análisis experimental. Y, a partir de ahí, ya podremos seguir avanzando en nuestra investigación, con inquieta curiosidad. Las instancias de conducta que se mencionan a continuación no se aducen como "pruebas" de la interpretación. La prueba hay que encontrarla en el análisis básico. Y los principios que utilizaremos en la interpretación de esas instancias tienen una verosimilitud de la que carecerían en el caso de que los hubiéramos deducido de observaciones causales no científicas.

El texto parecerá adolecer con frecuencia de inconsistencia. El lenguaje de uso común está plagado de términos precientíficos que normalmente bastan para los propósitos de la conversación normal. Nadie mira por encima del hombro a un astrónomo cuando le oye decir que el sol sale o que las estrellas aparecen por la noche, porque resultaría ridículo reclamar que ese astrónomo debiera siempre hablar con propiedad: que el sol aparece paulatinamente sobre el horizonte conforme la tierra gira, o que las estrellas se hacen visibles cuando la atmósfera deja de refractar la luz del sol. Lo que de él sí podemos esperar es que nos proporcione, cuando ello sea necesario, ciertas explicaciones más precisas. La lengua inglesa contiene muchas más expresiones referentes a la conducta humana que a otros aspectos del mundo, y las posibilidades de un lenguaje técnico resultan mucho menos familiares. El uso de expresiones enteramente normales, no científicas, no debiera extrañar demasiado. Puede parecer inconsistente pedirle al lector que mantenga "su mente alerta" cuando se le ha dicho que la mente es una ficción para explicar lo de otro modo inexplicable. O "que tenga en cuenta la idea de la libertad", cuando la idea es simplemente precursora imaginaria de la conducta. O, en fin, "tranquilizar a cuantos temen una ciencia de la conducta", cuando todo lo que se quiere decir es que cambien de conducta respecto a tal ciencia. Si el libro estuviera destinado a lectores profesionales especializados, tales expresiones se podrían haber excluido. Pero quizá se pueda afirmar que cuanto aquí se estudia es importante para profanos en esta materia, y, por tanto, debe ser discutido y explicado de un modo no precisamente demasiado técnico. Sin duda, muchas de las expresiones mentalistas de que está imbuida la lengua inglesa no pueden ser traducidas tan rigurosamente como la expresión "salida del sol", pero traducciones más o menos aceptables sí las hay a mano.

*

La mayoría de nuestros problemas más importantes implican conducta humana, y no se pueden resolver recurriendo solamente a la tecnología física o biológica. Lo que necesitamos es una tecnología de la conducta, pero hemos tardado mucho en desarrollar la ciencia de la que poder deducir este tipo de tecnología. Una dificultad evidente estriba en el hecho de que casi todo cuanto es denominado ciencia de la conducta continúa aun ahora relacionando la conducta a estados mentales, sentimientos, peculiaridades de carácter, naturaleza humana, etc. La física y la biología siguieron durante un tiempo prácticas muy parecidas, y avanzaron solamente cuando se liberaron de semejante rémora. Las ciencias de la conducta han tardado mucho en cambiar, en parte, por causa de entidades explicativas que a menudo parecían ser observadas directamente, y también en parte, porque no se encontraba fácilmente otra clase de explicaciones. El ambiente, obviamente, es importante, pero su función no ha estado clara. No empuja o absorbe, sino que *selecciona*. Y resulta difícil descubrir y analizar esta función selectiva. El papel de la selección natural en la evolución fue formulado por primera vez no hace mucho más de cien años. Y la función selectiva del medio ambiente en el moldeamiento y mantenimiento de la conducta del individuo sólo ahora comienza a ser reconocida y estudiada. Conforme se ha llegado a conocer la interacción entre organismo y ambiente, por tanto, los efectos que hasta este momento se achacaban a estados mentales, sentimientos y peculiaridades del carácter, comienzan a atribuirse a fenómenos accesibles a la ciencia. Y una tecnología de la conducta, consiguientemente, empieza a ser posible. No se solucionarán nuestros problemas, no obstante, a menos que se reemplacen opiniones y actitudes tradicionales precientíficas; aunque bien es cierto que éstas, desgraciadamente, siguen muy profundamente arraigadas. La libertad y la dignidad ilustran este problema. Ambas cualidades constituyen el tesoro irrenunciable del "ser autónomo" de la teoría tradicional. Y resultan de esencial importancia para explicar situaciones prácticas en las que a la persona se le reputa como responsable de sus actos, y acreedora, por tanto, de reconocimiento por los éxitos obtenidos. Un análisis científico transfiere, tanto esa responsabilidad como esos éxitos, al ambiente. Y suscita, igualmente, ciertas cuestiones relativas a los "valores". ¿Quién usará esa tecnología y con qué fin? Hasta tanto no se despejen estas incógnitas, se seguirá rechazando una tecnología de la conducta. Y, al rechazarla, se estará probablemente rechazando al mismo tiempo el único camino para llegar a resolver los problemas de la humanidad.

2

Libertad

Casi todos los seres vivos intentan liberarse de todo aquello que, de una u otra forma, les pueda dañar. Un cierto tipo de libertad se consigue mediante formas relativamente simples de conducta llamadas reflejos. Una persona estornuda, y libera de este modo sus vías respiratorias de sustancias irritantes. Tiene un vómito, y así elimina de su estómago alimentos que se le han indigestado o que pueden ser perjudiciales. O bien retira instintivamente la mano y evita cortarse o quemarse. Formas más elaboradas de conducta tienen efectos similares. Cuando a una persona la encierran, lucha ("furiosamente") y consigue liberarse. Cuando le amenaza un peligro, una de dos: o huye o ataca la raíz misma de ese peligro. Conductas de esta clase se han desarrollado seguramente gracias a que contribuyen a la supervivencia. Y forman parte de lo que denominamos cualidad o característica genética humana, al igual que la respiración, la transpiración, o la digestión. Y mediante el condicionamiento, una conducta semejante puede adquirirse con respecto a nuevos objetos que podrían no haber jugado papel alguno en la evolución. Sin duda son situaciones de menor importancia en la lucha por ser libre, pero no por ello menos significativas. Su última razón de ser no es el amor a la libertad; son simplemente formas de conducta que han demostrado su eficacia en eliminar ciertas amenazas para el individuo, y, consecuentemente, para la especie, a lo largo del proceso evolutivo.

Un papel mucho más importante lo juega la conducta al debilitar estímulos amenazadores con otros procedimientos. Esto no se consigue en forma de reflejos condicionados, sino como producto de un proceso diferente llamado condicionamiento operante[1]. Cuando a un elemento concreto de conducta le sigue determinada consecuencia, es más probable que ocurra de nuevo, y una consecuencia que tiene el efecto de renovar esa conducta de que hablamos, se denomina un reforzador. Algunos ejemplos pueden esclarecer esta afirmación y el sentido en que se formula. El alimento es un reforzador del organismo hambriento; y cualquier cosa que haga el organismo que sea seguida por la recepción de ese alimento, muy probablemente se repetirá cuando quiera que el organismo tenga hambre. A algunos estímulos se les llama reforzadores negativos. Cualquier respuesta que anule el estímulo o reduzca su intensidad es muy probable que sea emitida al reaparecer el estímulo en cuestión. Así, cuando una persona busca refugio del sol ardiente, y se pone a cubierto, es muy probable que se ponga de nuevo a cubierto tan pronto el sol vuelva a calentar. La reducción de la temperatura refuerza la conducta de la que "depende", es decir, la conducta a la que sigue. El condicionamiento operante también se presenta cuando una persona evita simplemente el sol ardiente cuando, dicho burdamente, se escapa de la *amenaza* del calor solar.

Los reforzadores negativos también son denominados "aversivos", en el sentido de que son realidades de las que los organismos "huyen". El término sugiere un distanciamiento espacial (escaparse o huir de algo), pero, en realidad, la relación esencial es temporal. En un mecanismo estándar, usado para estudiar este proceso en el laboratorio, una respuesta arbitraria simplemente debilita un estímulo aversivo o lo hace desaparecer. El resultado de esta clase de lucha por la libertad cristaliza en una dosis importante de tecnología física. A lo largo de los siglos, y de una forma anárquica, la humanidad ha ido construyendo un mundo en el cual se encuentra libre de muchos tipos de amenazas o estímulos perjudiciales (temperaturas extremas, focos infecciosos, trabajos arduos, peligros, y aun de aquellos estímulos aversivos que conocemos con el nombre de molestias).

El escape y la evitación juegan un papel mucho más importante en la lucha por la libertad cuando las condiciones que llamamos aversivas son producidas por otras personas. Porque esas personas pueden convertirse en aversivas sin que ellas mismas, por decirlo así, lo pretendan: pueden ser groseras, peligrosas, contagiosas o molestas. Y, en consecuencia, uno intenta evitarlas en cuanto pueda. También pueden ser aversivas "intencionadamente", esto es, pueden tratar a otras personas aversivamente por causa de las consecuencias que se derivan de esa conducta. Por ejemplo, un capataz de esclavos induce al esclavo a trabajar azotándole cuando se detiene en su labor; al reanudar el trabajo, el esclavo se libra del azote (e indirectamente refuerza la conducta del capataz, que volverá a usar el látigo apenas el esclavo se detenga). Un padre puede regañar al hijo, hasta que el hijo haga lo que se le pide: y al hacer lo que se le pide, el niño se libera de la reprimenda (y refuerza de esta forma la conducta de su padre, quien recurrirá de nuevo a la amonestación puesto que surte efecto). El chantajista amenaza a su víctima con descubrirle, a menos que le pague; al pagar, la víctima se libera de la amenaza (e indirectamente refuerza la práctica del chantaje). Un maestro amenaza con castigos corporales o suspensos hasta que el estudiante preste atención; al prestar atención, el estudiante evita el palmetazo o la mala nota (y refuerza al maestro, que seguirá utilizando el mismo género de amenazas). De una u otra forma, el control aversivo intencional es el esquema de la mayor parte de la relación social: en ética, en religión, gobierno, economía, educación, psicoterapia y en la vida familiar.

Una persona elude o evita el tratamiento aversivo comportándose de forma que refuerza a aquellos que le amenazaban aversivamente en tanto no se comportara de ese modo. Pero también puede evitar esa situación con otros procedimientos. Por ejemplo, poniéndose lejos del alcance de aquellos que le pueden amenazar. Un esclavo puede fugarse; un ciudadano, emigrar, dimitir, desertar del ejército, abjurar de una religión, hacer novillos, escaparse de casa, o inhibirse de una cultura convirtiéndose en vagabundo, eremita o hippie. Semejante conducta es tanto un producto de condiciones aversivas cuanto la conducta que esas condiciones pretendían evocar. Esto último sólo puede garantizarse agudizando las contingencias o echando mano de estímulos aversivos más fuertes.

Otro modo anómalo de liberación o huida es atacar a aquellos que son causa de esas condiciones aversivas y debilitar o destruir su fuerza. Podemos atacar a aquellos que nos violentan o nos molestan, del mismo modo que atacamos, para destruirlos, los hierbajos en nuestro jardín. Pero también ahora la lucha por la libertad se dirige principalmente contra agentes de control intencionados; contra aquellos que amenazan a otros aversivamente, induciéndoles a comportarse de una forma determinada. Así, por ejemplo, un niño puede enfrentarse a sus padres, un ciudadano puede derrocar un gobierno, un creyente puede reformar una confesión religiosa, un estudiante puede atacar a un profesor o destrozar la escuela y un marginado puede prestar su colaboración para destruir una cultura.

Es posible que la cualidad genética del ser humano soporte esta lucha por la libertad de modo positivo sin dejarse aniquilar: cuando a la gente se la trata aversivamente, tiende a reaccionar con agresividad, o a ser reforzada por signos que muestran que ha infligido un daño a los demás. Ambas tendencias puede que hayan tenido indudable importancia en el proceso de la evolución, importancia que se puede fácilmente demostrar. Si dos organismos que han estado coexistiendo pacíficamente sufren una descarga eléctrica dolorosa, inmediatamente reaccionan mostrando modos característicos de agresión, uno contra el otro[2]. La agresividad no va dirigida necesariamente contra la fuente real de estimulación; puede sufrir una "desviación" hacia cualquier persona u objeto adecuados. El vandalismo y los tumultos callejeros con frecuencia no son sino formas de agresión desviadas o mal dirigidas. Un organismo víctima de una convulsión dolorosa reaccionará, si puede, imponiéndose a otro organismo al que poder hacer víctima, a su vez, de su propia agresividad. Hasta qué punto la agresividad humana ejemplifica las tendencias innatas, es algo que aún no está claro. Y muchas de las formas en que la persona ataca, para debilitar o destruir el poder de controladores intencionados, han sido obviamente aprendidas.

Lo que bien podríamos denominar "literatura de la libertad" ha sido esencialmente concebida para inducir a la gente a escapar de, o atacara quienes actúan para controlarlos aversivamente. El contenido de esta literatura es la filosofía de la libertad, pero las filosofías se cuentan entre aquellas causas internas que deben ser sometidas a un cuidadoso escrutinio. Decimos a veces que una persona se comporta de un modo determinado, como consecuencia de su propia filosofía. Pero el hecho es que, en realidad, deducimos esa filosofía a partir de su conducta y, por tanto, no podemos utilizarla como explicación satisfactoria, a menos que, a su vez, sea debidamente explicada. La literatura de la libertad, por otra parte, tiene un estatus objetivo muy simple. Consta de libros, folletos, manifiestos, discursos y otros productos verbales, pensados con el propósito directo de incitar a la persona a que se libere a sí misma de diversas clases de control intencionado. Esta literatura en realidad no imparte una auténtica filosofía de la libertad; simplemente, estimula a la gente a actuar.

Esta literatura con frecuencia pone de relieve las condiciones que venimos denominando "aversivas" en las que la gente vive, quizá contrastándolas con las condiciones de vida en otro mundo más libre. Por tanto, convierte esas condiciones descritas en algo más aversivo todavía "aumentando la desgracia" de aquellos a quienes pretende liberar. También identifica, sin lugar a dudas, a aquellos de quienes debemos liberarnos, o a los poderosos contra quienes tenemos que dirigir nuestros ataques para debilitar su poder. Los malvados característicos (villanos en la terminología novelesca) son los tiranos, los curas, los generales, los capitalistas, los profesores autoritarios y los padres impositivos.

También describe la literatura de la libertad modos concretos de acción. No se refiere demasiado a la huida propiamente dicha, quizá porque todo consejo en este sentido realmente huelga. En su lugar pone de relieve cómo controlar el poder, debilitándolo o destruyéndolo de raíz. Los tiranos deben ser derrocados, relegados al ostracismo o asesinados sin más. La legitimidad de todo gobierno es puesta en tela de juicio. Hay que desafiar la capacidad de cualquier institución religiosa que asuma el papel de intermediaria de lo sobrenatural y que se erija ella misma en árbitro de esa mediación. Hay que organizar huelgas y boicots que debiliten el poder económico que fomenta prácticas aversivas en su propio beneficio. Toma fuerza el argumento mediante la exhortación para que la gente actúe, describiendo posibles resultados concretos, y recordando ocasiones en que el éxito se ha producido cuando se actuó de acuerdo con el modelo que ahora se aduce como testimonio, etc.

Pero los hipotéticos controladores, por supuesto, no permanecen de brazos cruzados. Los gobiernos hacen que la huida resulte algo quimérico, por ejemplo, prohibiendo los viajes, castigando severamente, encarcelando a los desertores. Ponen a buen recaudo el armamento y otros instrumentos de poder, lejos del alcance de los revolucionarios. Destruyen la literatura escrita relativa a la libertad y encierran o eliminan a cuantos la transmiten oralmente. Si la lucha por la libertad ha de triunfar, debe ser entonces intensificada.

La importancia de la literatura de la libertad apenas puede ser puesta en duda. Sin ayuda o guía, la gente se somete a condiciones aversivas de la forma más sorprendente. Esto es cierto aun cuando las condiciones aversivas forman parte del entorno natural. Darwin observó, por ejemplo, que los patagones aparentemente no hacían esfuerzo alguno para protegerse del frío; casi no usaban vestidos, y aun la poca ropa que usaban, apenas les servía para protegerse de las adversas condiciones climatológicas[3]. Y uno de los hechos más sorprendentes, con relación a la lucha por la liberación de un control intencional, se refiere a la frecuencia con que dicha lucha ha brillado por su ausencia. Mucha gente se ha sometido durante siglos enteros a los controles más obvios, en el terreno religioso, político o económico, luchando por la libertad sólo esporádicamente, o nunca. La literatura de la libertad ha contribuido de manera especial a la desaparición de muchas prácticas aversivas, en lo político, lo religioso, en sistemas educativos, vida familiar o producción de bienes de consumo.

Las contribuciones de la literatura de la libertad, sin embargo, no son descritas normalmente en estos términos. Se podría decir quizá que algunas teorías tradicionales definen la libertad como la ausencia de control aversivo, pero el énfasis se ha puesto en general en cómo semejante condición *se siente* o *se experimenta*[4]. Otras teorías tradicionales han definido la libertad, por su parte, presumiblemente como el estado de una persona cuando se comporta bajo un control no aversivo, pero en este segundo caso el énfasis recae sobre un estado mental asociado al hecho de hacer lo que a uno le parece. De acuerdo con John Stuart Mill, "la libertad consiste en hacer lo que uno quiere hacer[5]". La literatura de la libertad ha contribuido de modo importante a cambiar la práctica (o, dicho de otro modo, ha cambiado la práctica, en todo caso, allí donde ha tenido algún efecto), pero, sin embargo, se le han atribuido, como una de sus funciones, los cambios mentales o de sensibilidad. La libertad es una "posesión". Una persona escapa, o destruye el poder de otra persona que le controla, para llegar a sentirse libre; y una vez que se siente libre y puede hacer lo que desea, ya no se recomienda nada más. La literatura de la libertad ya no prescribe ninguna otra norma, excepto quizá la de mantenerse alerta a todo trance, continuamente, no sea que el control reapareciese.

El sentimiento de libertad se convierte en guía inseguro para la acción tan pronto como los posibles controladores recurren a medidas no aversivas, como es casi seguro que hagan para evitar los problemas surgidos cuando el controlado escapa o ataca. Las medidas no aversivas resultan menos notorias que las aversivas, y normalmente se recurre a ellas con más parsimonia, pero tienen ventajas obvias que aconsejan su uso. El trabajo productivo, por ejemplo, fue durante algún tiempo el resultado del castigo: el esclavo trabajaba para evitar las consecuencias desagradables que se hubieran seguido de su holgazanería. Los salarios, en cambio, ejemplifican bien un principio distinto: a una persona se le paga cuando se comporta de una manera determinada, para que siga comportándose de la misma forma. Aunque hace ya mucho tiempo que se ha descubierto la eficaz utilidad de las recompensas, sin embargo, los sistemas de salarios han evolucionado muy lentamente. En el siglo XIX se pensaba que una sociedad industrial requería masa trabajadora hambrienta; los salarios solamente serían eficaces en la medida en que el trabajador pudiera cambiarlos por alimentos. Al convertirse el trabajo en algo menos aversivo —por ejemplo, reduciendo la jornada o mejorando las condiciones materiales de ese trabajo— ha sido posible encontrar hombres que trabajasen para obtener recompensas menores. Hasta muy recientemente la enseñanza era algo casi por completo aversivo: el estudiante estudiaba para evitar las consecuencias desagradables que se darían si no estudiaba, pero se han ido descubriendo técnicas pedagógicas no aversivas, que se han aplicado gradualmente. El padre hábil comprende que es mejor premiar al niño por su buena conducta que castigarle cuando se porta mal. Las organizaciones religiosas van abandonando las antiguas amenazas al fuego del infierno para enfatizar más el amor a Dios. Y los gobiernos abandonan castigos aversivos sustituyéndolos por diversas clases de estímulos, como habremos de ver un poco más adelante. Lo que el profano llama un premio es, en realidad, un "reforzador positivo" cuyos efectos han sido estudiados de manera exhaustiva en el análisis experimental de la conducta operante[6]. No es posible reconocer sus efectos con la misma facilidad con que se reconocen los producidos por contingencias aversivas porque aquéllos quedan diferidos, es decir, se presentan sólo más tarde, y sus aplicaciones son consecuentemente retrasadas. Pero, en realidad, se dispone actualmente de técnicas tan poderosas como pudieran serlo las antiguas técnicas aversivas[7].

El defensor de la libertad se encuentra con un problema que le sale al paso cuando la conducta originada por el reforzamiento positivo tiene consecuencias aversivas diferidas. Muy posiblemente éste ha de ser casi siempre el caso cuando se utiliza el proceso en control intencionado, en el que la ganancia para quien controla suele significar una pérdida para el controlado. Lo que se denominan reforzadores positivos condicionados pueden tener con frecuencia resultados aversivos diferidos. El dinero es un ejemplo. Sólo refuerza cuando ha sido cambiado por cosas que refuerzan —y no es juego de palabras—. Pero de hecho puede ser usado como reforzador aun cuando el intercambio no sea posible. Un billete falso, un cheque sin fondos, un cheque detenido, o una promesa incumplida, son reforzadores condicionados, aunque sus consecuencias aversivas se descubran con frecuencia muy rápidamente. El modelo arquetipo en este caso es un ladrillo dorado con apariencia de lingote de oro. El contracontrol se produce rápidamente: escapamos de quienes abusan de reforzadores condicionados de esta manera, o bien les atacamos. Pero este abuso, por parte de muchos de estos reforzadores sociales, pasa desapercibido con frecuencia. La atención personal, el elogio y el afecto, son normalmente reforzantes sólo en el caso de que ya hayan tenido alguna relación con reforzadores efectivos ya utilizados, pero se pueden también usar cuando falta la relación. El elogio estimulante y las muestras de afecto con los que a padres y maestros se recomienda que solucionen problemas de conducta, puede ser algo engañoso. Porque "ganar amigos" puede hacerse igualmente con el recurso a muchas triquiñuelas, palmaditas en la espalda, por ejemplo, o dando coba.

Los reforzadores genuinos pueden ser usados de modo que tengan consecuencias aversivas. Un gobierno puede evitar la emigración haciendo la vida algo más interesante: proporcionando dosis masivas de pan y circo, fomentando los espectáculos deportivos, el juego, la bebida y otros estimulantes, diversos géneros de conducta sexual, cuyo efecto es mantener a la gente dentro del ámbito en que aquel gobierno puede aplicar sanciones aversivas. Los hermanos Goncourt comprobaron el aumento creciente de la pornografía en la Francia de su tiempo: "La literatura pornográfica" —escribieron— "es servidora de un sub-Imperio... Se puede domar a un hombre como se doma a un león, por medio de la masturbación[8]".

También se puede abusar del reforzamiento positivo genuino porque la cantidad indiscriminada de reforzadores no es proporcional al efecto que se consigue sobre la conducta. El reforzamiento, normalmente, es sólo intermitente y su adecuada dosificación es más importante que su misma cantidad[9]. Ciertas dosificaciones generan una gran "cantidad de conducta" a cambio de un reforzamiento insignificante, y semejante posibilidad, naturalmente, no ha pasado desapercibida para los potenciales controladores[9]. Podemos mencionar dos ejemplos en que su práctica va en perjuicio de los afectados. En el sistema de incentivos conocido como pago por pieza hecha, al trabajador se le paga una cantidad determinada por cada unidad de trabajo realizada. El sistema parece garantizar el equilibrio entre los bienes producidos y el dinero recibido. Esta distribución resulta atractiva para la empresa, que puede calcular de antemano los costes de producción, y también para el trabajador, que puede saber con exactitud la cuantía de su ganancia. Este llamado programa de reforzamiento de razón fija puede usarse, sin embargo, para originar gran cantidad de conducta por muy escasa retribución. Induce al trabajador a trabajar de prisa, y el procedimiento puede ser "aligerado", es decir, puede pedirse más trabajo por cada unidad, sin correr, por otra parte, el riesgo de que el trabajador cese en su labor. Su consecuencia última (trabajar duramente por escasa retribución) puede llegar a ser extremadamente aversiva.

Un programa relacionado, llamado de razón variable, constituye el fundamento de todos los juegos de azar. En una sala de juego la empresa paga a la gente para que ésta le dé dinero, es decir, les paga a esas personas cuando apuestan. Pero paga con un procedimiento que hace persistir las apuestas, aunque, a la larga, la cantidad pagada sea mucho menor que la cantidad apostada. Al principio, la variable puede ser favorable al apostante; entonces, "gana". Pero luego la variable se puede "distender" de tal forma que el jugador siga jugando aun cuando empiece a perder. Esa distensión de la variable puede ser accidental (un primer golpe de buena suerte que va gradualmente empeorando ha sido de hecho el comienzo de jugadores empedernidos). O bien la variable se somete a un proceso de distensión controlada por alguien que domina el truco. A la larga, la "utilidad" es negativa: el jugador lo pierde todo.

Es difícil manejar eficazmente las consecuencias aversivas diferidas porque no siempre ocurren en momentos en que la huida o el ataque son factibles — cuando, por ejemplo, el controlador puede ser fácilmente identificado o está a mano—. Pero el reforzamiento inmediato es positivo y no es puesto en tela de juicio. El problema que tienen que resolver cuantos se preocupan por la libertad, es el de la creación de consecuencias aversivas inmediatas. Un problema clásico se refiere al "dominio de sí mismo"[10]. Una persona come demasiado, sufre una indigestión, pero mejora... para comer de nuevo demasiado. Los alimentos exquisitos, o la conducta que ellos provocan, deben hacerse lo suficientemente aversivos como para que la persona "huya de ellos" no comiendo. (Se podría pensar que sólo puede escapar antes de comerlo, pero los romanos escapaban después mediante el uso de un vomitivo). Los estímulos aversivos normales pueden ser condicionados. Algo así se hace cuando al comer demasiado se le considera malo, glotonería, o algo pecaminoso. Otras clases de conducta, cuando se quieren suprimir, son declaradas ilegales, y castigadas en consecuencia. Cuanto más diferidas sean las consecuencias aversivas, tanto mayor es el problema planteado, El llegar a conseguir que hayan afectado a la conducta las últimas consecuencias de fumar cigarrillos ha exigido la "orquestación" de enormes medios. Una afición arraigada, un deporte, una aventura amorosa o un salario muy elevado, pueden llegar a anular otras posibles actividades que, a largo plazo, podrían ser mucho más estimulantes. Lo malo es que el plazo es demasiado largo como para que sea posible un contracontrol. Esta es la causa por la cual el contracontrol es ejercido, en el mejor de los casos, solamente por aquellos que sufren consecuencias aversivas pero que no quedan sujetos a reforzamiento positivo. Se dictan leyes contra el juego, los sindicatos obreros rechazan el llamado pago por pieza terminada, a nadie se le permite contratar a menores de edad, o pagar a personas que se avengan a según qué prácticas inmorales. Pero estas medidas puede que sean precisamente rechazadas por aquellos a quienes pretenden proteger. El jugador rechaza cualquier ley antijuego, el alcohólico se rebela contra la ley seca. Y un niño o una prostituta es posible que acepten trabajar por la cantidad que se les ofrezca.

La literatura de la libertad nunca ha llegado a sintonizar profundamente con técnicas de control que no provocan la huida o el contraataque, porque esa literatura siempre ha manejado el problema en términos de estados mentales o sentimientos. En su libro *La soberanía*, Bertrand de Jouvenel cita a dos importantes figuras de este género de literatura. Según Leibnitz, "la libertad consiste en la capacidad de hacer lo que uno quiere hacer[11]". Y según Voltaire, "cuando hago lo que yo quiero hacer: en ello estriba mi libertad". Pero ambos escritores añaden una frase para concluir su reflexión. Leibnitz: "...o en el poder querer aquello que se puede conseguir". Y, por su parte, Voltaire dice más cándidamente: "...pero no puedo dejar de querer lo que en verdad quiero". Jouvenel relega estos comentarios a una nota a pie de página, diciendo que la capacidad de querer es asunto de "libertad interior" (¡la libertad del ser interior!), la cual cae fuera del "Juego de la libertad".

Una persona quiere algo cuando actúa eficazmente por conseguirlo, cuando se le presenta la ocasión. Una persona que dice "quiero algo de comer" presumiblemente comerá cuando encuentre algo a mano. Si dice "quiero calentarme" se refugiará, en cuanto pueda, en algún lugar abrigado. Estos actos fueron reforzados en el pasado por aquello mismo que se deseaba. Lo que una persona siente cuando se experimenta a sí misma deseando algo, depende de las circunstancias. El alimento resulta estimulante precisamente sólo en casos de deprivación, y una persona que necesita algo para comer puede que experimente aspectos de tal estado (por ejemplo, espasmos de hambre). Una persona que quiere calentarse, normalmente es porque tiene frío. También se pueden experimentar condiciones asociadas con una alta probabilidad de respuesta, junto con aspectos de la ocasión presente que son homologables a aquéllos de ocasiones precedentes, en virtud de los cuales la conducta había sido y sigue siendo reforzada. El querer, sin embargo, no es un sentimiento, ni es un sentimiento tampoco la razón por la que una persona busca lo que busca. Ciertas contingencias han suscitado la probabilidad de la conducta y al mismo tiempo han originado condiciones que son susceptibles de ser experimentadas. La libertad es cuestión de contingencias de reforzamiento, no de los sentimientos que las contingencias originan. La distinción es especialmente importante cuando esas contingencias no provocan la huida o el contraataque.

La incertidumbre que rodea al contracontrol de medidas no aversivas queda ejemplificado fácilmente. En los años treinta, en Estados Unidos parecía necesario reducir la producción agrícola. La Ley de Ajuste Agrícola (*Agricultural Adjustemnt Act*) autorizaba al secretario de agricultura a llevar a cabo pagos a aquellos agricultores que estuvieran de acuerdo en no producir. Hubiera sido anticonstitucional *obligarles* a reducir la producción, pero el gobierno aseguraba en aquel entonces que solamente les sugería hacerlo, sin obligar a nadie. Sin embargo, el Tribunal Supremo reconoció que la inducción positiva puede llegar a ser tan irresistible como las medidas propiamente aversivas fallando que "el poder ilimitado para adjudicar o retirar esos pagos, equivale a un poder de coacción o destrucción de esa libertad[12]". La decisión, con todo, fue más tarde revocada cuando el mismo Tribunal Supremo falló en una nueva sentencia que "sostener que el incentivo o la tentación equivalen a coacción, es abocar a la ley a dificultades sin fin[13]". Precisamente algunas de esas dificultades son las que estamos estudiando.

El mismo asunto surge cuando un gobierno organiza una lotería para conseguir ingresos que posibiliten la reducción de impuestos. El gobierno en ambos casos les saca el mismo dinero a los ciudadanos, aunque no necesariamente a los mismos ciudadanos. Organizando la lotería, el gobierno se ahorra ciertas consecuencias indeseables: porque la gente reacciona contra los impuestos altos y los elude, o contraataca con frecuencia, cuando puede, derrocando un gobierno que impone nuevos impuestos aprovechándose de su acceso al poder. Pero la lotería no provoca nunca ninguna de estas consecuencias, aprovechando lo que hemos denominado en otro sitio programa de reforzamiento de razón variable. La única oposición proviene en este caso de aquellos que, por principio, se oponen a los negocios de juego, y que muy rara vez juegan.

Un tercer ejemplo es la práctica, en algunos sitios usual, de invitar a los presos a que se ofrezcan como voluntarios en experimentos posiblemente peligrosos, por ejemplo, como conejillos de indias en el ensayo de nuevos medicamentos*. A cambio se les ofrece mejores condiciones de vida o, en otros casos, una reducción de su tiempo de condena. Todo el mundo protestaría si a los presos se les obligara a este tipo de conducta. Pero, en realidad, ¿son verdaderamente libres ante este género de reforzamiento positivo? La duda es particularmente válida en el caso en que las condiciones de vida que posiblemente mejoren, y la sentencia que quizá sea acortada, han sido impuestas por el propio Estado.

Este asunto se plantea con frecuencia en formas más sutiles y elaboradas. Se arguye, por ejemplo, que la disponibilidad de anticonceptivos o el recurso al aborto "no proporcionan completa libertad para engendrar o no engendrar hijos, ya que esas prácticas cuestan tiempo y dinero[14]". Los miembros de la socie-

* *N. del E.:* práctica común en EEUU hasta finales de los años 70.

dad económicamente desfavorecidos deberían recibir una compensación si se quiere que puedan llevar a cabo una auténtica "decisión libre". Si esa compensación justa equivale exactamente al tiempo y al dinero necesarios para practicar el control de la natalidad, entonces esas personas quedarían efectivamente libres del control ejercido en su conducta por esa pérdida de tiempo y dinero. Pero el que hayan de tener hijos o no, todavía sigue dependiendo de otras circunstancias que no han sido suficientemente especificadas. Si un país refuerza generosamente las prácticas de anticoncepción y aborto, ¿hasta qué punto sus ciudadanos son libres para tener o no tener hijos?

La incertidumbre con respecto al control positivo es evidente en relación con dos observaciones que con mucha frecuencia aparecen en la literatura de la libertad. Se dice que, aunque la conducta está completamente determinada, es mejor que el hombre "se sienta libre" o que "crea que es libre". Si esto significa que es mejor estar controlado de modo tal que ese control no ejerza consecuencias aversivas, podemos estar de acuerdo. Pero si esas frases quieren decir que es mejor estar controlado de manera que nadie ofrezca resistencia, entonces semejante proposición es incapaz de tener en cuenta la posibilidad de consecuencias aversivas diferidas. Una segunda formulación parecería más apropiada: "Es mejor ser esclavo consciente que esclavo feliz". La palabra "esclavo" aclara la naturaleza de las consecuencias últimas que estudiamos: estas consecuencias resultan explotadoras, y, por tanto, aversivas. De lo que el esclavo debe ser consciente es de su propia desgracia. Y por ello la auténtica y peligrosa amenaza estriba en un sistema de esclavitud tan bien pensado que en su seno ya no se produzca la rebelión. La literatura de la libertad va toda ella encaminada a "concienciar" al hombre con respecto al control aversivo, pero en su selección de métodos se incapacita a sí mismo para redimir al esclavo feliz.

Una de las grandes figuras de la literatura de la libertad, Jean-Jacques Rousseau, no temía el poder del esfuerzo positivo. En su notable obra *Émile*, daba el siguiente consejo a los maestros:

> "Dejad [que el niño] crea que es él quien decide siempre, aunque deba ser [el maestro] quien siempre decida realmente. No hay más perfecta forma de dominio que aquella que parece respetar la libertad, pues con este procedimiento uno se apodera de la voluntad misma. La pobre criatura, que no sabe nada, incapaz de nada, ignorante por completo, ¿no queda así a vuestra completa merced? ¿Acaso no podéis de esta forma disponer de todo, en el mundo que le rodea? ¿No podéis influir en este niño a voluntad? Su trabajo, su recreo, sus alegrías, sus penas, ¿no están todas ellas en vuestras manos y aun sin que él lo sepa? Sin duda alguna, siempre debería ese niño poder hacer lo que quiera; pero debería querer hacer solamente lo que vosotros

queréis que haga. No debería dar un paso que no haya sido previsto por vosotros. No debería abrir la boca sin que vosotros supierais de antemano qué es lo que va a decir[15]".

Rousseau pudo adoptar esta actitud porque tenía fe ilimitada en la bondad de los maestros, que de este modo usarían su absoluto control sólo en bien de sus alumnos. Pero, como veremos más adelante, la bondad no es una garantía contra el abuso de poder, y muy pocas figuras en la historia de la lucha por la libertad han mostrado un optimismo tan desbordado como el de Rousseau. Al contrario, se han ido al extremo opuesto pensando que todo control es malo. Y al actuar así ejemplifican un proceso conductual denominado generalización. Puesto que muchas formas de control son aversivas —se viene a decir—, bien por su naturaleza, bien por sus consecuencias, luego toda forma de control debe ser repudiada. Los Puritanos dieron un paso más en esta generalización asegurando que la mayor parte de reforzamiento positivo era malo, fuera intencionado o no, por la simple razón de que ocasionalmente perjudicaba a las personas.

La literatura de la libertad ha estimulado la huida o el ataque contra todo tipo de controladores. Y ha propugnado esta táctica convirtiendo en aversiva cualquier indicación de control. Se dice que aquellos que manipulan la conducta humana son hombres malos, abocados inevitablemente a la explotación. El control es claramente lo contrario a la libertad, y si la libertad es buena, consecuentemente, el control debe ser siempre malo. Lo que suele olvidar este tipo de razonamiento por generalización es aquel tipo de control que no tiene consecuencias aversivas de ninguna clase. Muchas prácticas sociales, esenciales para el bienestar de la especie, implican y exigen el control de una persona por parte de otra, y nadie que tenga una dosis mínima de interés en el progreso humano puede suprimir ese género de control. Más adelante comprobaremos que, con el fin de hacer prevalecer la proposición de que todo control es malo, ha sido necesario disfrazar u ocultar la naturaleza de prácticas útiles. Ha sido necesario seleccionar prácticas débiles justamente porque pueden ser disfrazadas o desfiguradas. Y lo que es todavía más extraordinario, en verdad, perpetuar medidas punitivas.

El problema no estriba en liberar al hombre de todo control, sino de ciertas clases de control. Y este problema sólo puede ser resuelto si nuestro análisis tiene en cuenta todo tipo de consecuencias. Lo que ciertamente no nos conduce a distinciones satisfactorias en absoluto, es conocer qué siente la persona respecto al control, antes o después de que la literatura de la libertad haya producido un impacto en sus sentimientos.

Si no fuera por la indeseada generalización de que todo control es malo, podríamos estudiar el ambiente social de modo tan simple como estudiamos el no social. Aunque la tecnología ha liberado al hombre de ciertos ambientes aversivos, ciertamente no le ha liberado del ambiente mismo. Aceptamos el hecho de que dependemos del mundo que nos rodea, y simplemente cambiamos la naturaleza de esa dependencia. Del mismo modo, para liberar cuanto sea posible el ambiente social de estímulos aversivos, no necesitamos destruir ese ambiente o escapar de él. Lo único que necesitamos es remodelarlo.

*

La lucha por la libertad no se debe al deseo de ser libre, sino a ciertos procesos conductuales característicos del organismo humano cuyo efecto principal estriba en el rechazo o en la huida de ciertos aspectos, que hemos denominado "aversivos", del medio ambiente. Las tecnologías física y biológica se han preocupado fundamentalmente de los estímulos aversivos naturales. La lucha por la libertad se fija, sobre todo, en estímulos que han sido manipulados intencionadamente por otras personas. La literatura de la libertad ha identificado a esas otras personas, y ha propuesto fórmulas concretas para huir de ellas, para debilitar su poder, o incluso para destruirlo. Esta literatura ha tenido éxito en su esfuerzo por reducir los estímulos aversivos utilizados en toda forma de control intencional. Pero ha cometido la equivocación de definir la libertad en términos de estados mentales o sentimientos. Por consiguiente, no ha sido capaz esa misma literatura de encararse eficazmente a técnicas de control que no incitan a la huida o a la rebelión, y que, sin embargo, tienen consecuencias aversivas. Se ha visto obligada, por fuerza de su lógica interna, a etiquetar todo tipo de control, indiscriminadamente, como algo malo. Y de hecho malinterpreta muchas de las ventajas que, a pesar de todo, son deducibles del ambiente social. Finalmente, las características de esa literatura la incapacitan para el siguiente paso, el cual no es intentar liberar al hombre de todo control, sino más bien analizar y modificar las clases de control a que los hombres quedan expuestos.

3

Dignidad

La dignidad o valor de la persona parecen quedar en cuarentena apenas existe cualquier evidencia de que su conducta pueda ser atribuida, no a su propia voluntad, sino a circunstancias externas. No tendemos a reconocer los méritos de una persona cuyas obras son, de hecho, debidas a fuerzas sobre las que no ejerce control alguno. Toleramos hasta cierto punto tal evidencia, como aceptamos sin alarmarnos —sólo hasta cierto punto también— el hecho de que el hombre no sea libre. Nadie parece preocuparse demasiado cuando se comprueba que detalles importantes de obras de arte y literatura, carreras políticas y descubrimientos científicos, son atribuidos a "influencias" en las vidas de artistas, escritores, hombres de Estado y científicos, respectivamente. El hecho es que, conforme un análisis de la conducta va proporcionando más y más evidencia, los logros que hay que atribuir a la persona misma parecen irse aproximando a cero. Y en esa misma medida, tanto la evidencia como la ciencia que la produce, son entonces cuestionadas.

El problema de la libertad fue suscitado por las consecuencias aversivas de la conducta, pero la dignidad se refiere al reforzamiento positivo. Cuando alguien se comporta de modo que consideramos estimulante, le alabamos o animamos: y al actuar así, le determinamos muy probablemente a que de nuevo obre de la misma forma. Aplaudimos a alguien que actúa en público, precisamente para inducirle a que repita su actuación, como lo pone de manifiesto expresiones tales como "¡Otra vez!", "¡De nuevo!", "*¡Bis!*". Damos fe del valor de la conducta de una persona palmeándole en la espalda, o diciéndole "¡bien!", o "¡perfecto!", o concediéndole una "prenda de nuestra estima": un premio, un honor o una recompensa. Algunas de estas cosas son reforzadas por sí mismas —una palmada en la espalda puede ser un género de caricia, y los premios incluyen en sí mismos reforzadores consabidos—. Pero otros reforzadores son condicionados, es decir, refuerzan solamente porque van acompañados de reforzadores establecidos, o se pueden equiparar con ellos. La alabanza y la aprobación son generalmente reforzadores de la conducta, porque cualquiera que alaba o aprueba a una persona por lo que ha hecho, tiene la tendencia a reforzarle también de otras formas. (El reforzamiento puede consistir en la disminución de una amenaza; aprobar un proyecto determinado, por ejemplo, con frecuencia significa simplemente dejar de ponerle objeciones).

Puede darse una inclinación natural a reforzar a aquellos que nos refuerzan, como parece darse igualmente la de atacar a quienes nos atacan. Pero, a veces, conducta semejante es generada por muchas contingencias sociales. Alabamos a cuantos trabajan en beneficio nuestro, porque nos sentimos reforzados cuando siguen haciéndolo. Cuando atribuimos a alguien el mérito por haber hecho algo, identificamos una consecuencia reforzante adicional. Adjudicar a una persona el mérito de haber ganado un juego, implica el hecho de reconocer que la victoria se produjo como consecuencia de algo que esa persona hizo, y de esta forma la misma victoria puede convertirse en algo aún más reforzador para él.

El grado de reconocimiento que una persona recibe está relacionado de modo curioso con la posibilidad de comprobar visiblemente las causas de su conducta. Y dejamos de valorarla cuando las causas son evidentes. Por ejemplo, normalmente no alabamos a nadie por formas de conducta reflejas: no reconocemos mérito alguno al hecho de que alguien tosa, estornude o vomite, por más que los resultados de ello puedan ser muy valiosos. Por la misma razón no estimamos demasiado una conducta que se nos aparece como obvia consecuencia del control aversivo, aunque pueda llegar a ser útil. Como observó Montaigne, "las consecuencias de cualquier cosa hecha siguiendo órdenes, se achacan más a quien la ordena que a quien la ejecuta[1]". No se nos ocurre valorar la conducta del siervo, por más que pueda estar cumpliendo una función importante.

De la misma forma, tampoco elogiamos una conducta que podemos atribuir a obvio reforzamiento positivo. Compartimos el desprecio de Iago por el

> "Sumiso y genuflexo vasallo,
> Que, obsesionado por su propia servidumbre obediente
> Desgasta su tiempo, al igual que el asno de su amo,
> Por nada más que su sustento[2]".

Dejarse controlar en exceso por el reforzamiento sexual se denomina "infatuación", y la etimología de la palabra la celebró Kipling en dos famosos versos: "Hubo una vez un tonto que dirigió sus piropos... / A un trapo, a un hueso, y a un puñado de cabellos[3*]" . Los miembros de la clase alta, generalmente, pierden categoría social cuando, cediendo al reforzamiento económico, "se dedican a los negocios". Entre aquellos que actúan reforzados por el dinero, el valor que se les reconoce varía con la naturaleza del reforzamiento: es menos encomiable

* *N. del T.:* entiéndase al fijarse en los aspectos puramente externos y superficiales de la persona.

trabajar por un salario semanal que por un sueldo mensual, aunque los ingresos en ambos casos sean iguales. Esa pérdida de categoría social, por otra parte, puede explicar por qué la mayoría de las profesiones sólo muy lentamente han caído bajo control económico, Durante mucho tiempo a los maestros no se les pagaba, seguramente porque la paga habría estado necesariamente muy por bajo de su dignidad; y prestar dinero con interés fue estigmatizado durante siglos, e incluso a veces castigado, por ser considerado como usura. Ningún escritor de obras puramente comerciales, tan sólo escritas pensando en el éxito comercial, merece nuestro respeto; ni tampoco un artista, autor de cuadros obviamente pintados para ser vendidos de acuerdo con los gustos del momento. Y, sobre todo, no apreciamos a cuantos trabajan tan sólo, de modo obvio, para buscar aprecio.

Elogiamos generosamente cuanto es hecho sin razones obvias que justifiquen esa norma de conducta. Un amor no correspondido resalta más encomiable; y el arte, la música y la literatura, cuando nadie parece apreciarlas. Y valoramos, por encima de todo, la conducta de una persona que se comporta de modo diferente a como todas las circunstancias exteriores podrían hacer esperar. Por ejemplo, cuando ese amante no correspondido es maltratado; o cuando el arte, la música o la literatura son suprimidas. Si alabamos a una persona, por anteponer el sentido del deber al amor, ello se debe a que el control ejercido por el amor resulta fácilmente identificable. Es algo ya consabido alabar a quienes se mantienen célibes, se deshacen de sus riquezas, o mantienen su lealtad a una causa, aunque por ello sufran persecución; porque quienes así se comportan tendrían razones claras para comportarse de modo distinto. El grado de valoración varía con la magnitud de las condiciones adversas. Alabamos la lealtad en proporción directa al grado de persecución sufrida; la generosidad, en proporción a los sacrificios que ella exige; y el celibato, en proporción a la inclinación de la persona hacia la relación sexual. Como ya observó La Rochefoucauld, "nadie merece ser alabado por su bondad a menos que tenga fuerza de carácter como para ser malvado. Cualquier otra bondad no es, generalmente, sino indolencia o abulia[4]". Una relación inversa, entre la valoración que merece y la claridad de las causas, resulta obvia cuando la conducta queda explícitamente controlada por estímulos. El grado de admiración que despierta en nosotros una persona capaz de manejar un complejo artefacto depende de las circunstancias. Si resulta obvio que no hace sino imitar a otro operador y que ese operador "le enseña prácticamente lo que debe hacer", entonces le valoramos poco —en el mejor de los casos, sólo por ser capaz de imitar y ejecutar eso que imita—. Si esa misma persona recibe, en cambio, instrucciones sólo verbales, o sea, si hay alguien "que le dice lo que debe hacer", ya le valoramos algo más —al menos porque entiende suficientemente la terminología técnica, ya que es capaz de seguir las instrucciones que recibe—. Si sigue instrucciones escritas, le concedemos una valoración adicional por ser capaz de leerlas. Pero valoramos "su conocimiento de cómo operar el equipo" solamente si lo hace sin dirección alguna, aunque lo que sepa puede que lo haya aprendido por mera imitación, o bien siguiendo instrucciones orales o escritas. Nuestra valoración máxima se produce si ha descubierto cómo manejar esa máquina sin ayuda de nadie, puesto que en este último caso no le debe nada a otra persona; su conducta ha sido totalmente modelada por las contingencias, relativamente disimuladas, planteadas por el artefacto, y estas contingencias Se pierden en el pasado.

Ejemplos semejantes los encontramos en la conducta verbal. Reforzamos la conducta de ciertas personas que se comportan oralmente: pagamos, por ejemplo, a según qué personas para que nos lean, o por darnos clase, por actuar en películas u obras de teatro. Pero usamos esta valoración para reforzar lo que se dice, más que el acto mismo de hablar. Supongamos que una persona formula una afirmación importante. Le valoramos en grado mínimo si repite simplemente lo que otro interlocutor acaba de decir. Si lee el texto, algo más lo valoramos, al menos porque demuestra que sabe leer. Si "habla de memoria" no resulta evidente en ese caso estímulo alguno, y le valoramos "por saberse el texto". Y si resulta claro que su observación es original, es decir, que no se deriva de la conducta verbal de nadie, entonces le valoramos al máximo.

Alabamos más a un niño puntual que a uno al que hay que recordarle siempre sus compromisos, porque quien se lo recuerda se convierte por ese hecho en un aspecto particularmente visible de contingencias temporales. Elogiamos más a una persona que realiza mentalmente operaciones aritméticas que a quien las hace con papel y lápiz, porque los estímulos que controlan los pasos sucesivos resultan obvios en el papel. El físico teórico es más elogiado que el experimental porque la conducta del segundo claramente depende de prácticas de laboratorio y de observación. Alabamos a quienes se comportan bien sin que se les vigile, más que a aquellos a los que hay que controlar. Y a aquellos que hablan el idioma con fluidez, más que a quienes deben consultar las reglas de la gramática.

Reconocemos esta curiosa relación entre la valoración y la falta aparente de condiciones de control, cuando ocultamos ese control para que nadie deje de elogiarnos o reclamamos un reconocimiento que realmente no se nos debe. Un general hace cuanto puede por mantener su dignidad mientras viaja en un jeep por un terreno muy accidentado; y el flautista sigue tocando, aunque una mosca le ande incordiando en la cara. Nos esforzamos por no estornudar o reír en ocasiones solemnes, y después de hacer el ridículo al cometer una equivocación, intentamos actuar como si nada. Aguantamos el dolor sin pestañear, comemos exquisitamente, aunque estemos hambrientos, recogemos casi con descuido nuestras ganancias en el juego, y nos exponemos a una quemadura poniendo sobre la mesa con mucho cuidado un plato muy caliente. (El doctor Johnson puso en duda el valor de todo esto y escupiendo un bocado de patatas que abrasaban, les dijo a sus asombrados compañeros: "¡Sólo un estúpido se las hubiera tragado!") En resumidas cuentas, tratamos de evitar cualquier situación en la que podamos comportarnos de modo no digno.

Intentamos ganar estima disimulando u ocultando el control que influye en nuestra conducta. El locutor de televisión recurre al teleprónter (que queda fuera de cámara), y el conferenciante echa miradas sólo subrepticiamente a sus notas; y ambos pretenden dar la impresión de que hablan de memoria, o improvisando cuando lo que hacen es ciertamente mucho menos digno de elogio. Intentamos que se nos elogie sugiriendo razones menos decisivas de nuestra conducta. "Disimulamos" atribuyendo nuestra conducta a causas menos visibles o poderosas comportándonos, por ejemplo, como si no actuáramos bajo amenazas. Siguiendo a San Jerónimo, hacemos de la necesidad virtud, obrando como estamos obligados a obrar, pero como si no lo estuviéramos. Ocultamos la coacción haciendo mucho más de lo que se nos exige. "Y a quien te pida caminar una milla, ve con él dos[5]". Alegando razones inevitables o sobrehumanas, intentamos evitar el descrédito que de lo contrario se seguiría por nuestra conducta inconveniente. Como Choderlos de Laclos observó en *Les liaisons dangereuses*, "Una mujer debe encontrar un pretexto para entregarse a un hombre. ¿Qué mejor pretexto que aparentar someterse por la fuerza?"

Exageramos el grado de elogio que se nos debe, exponiéndonos nosotros mismos a ciertas condiciones que ordinariamente son causa de conducta despreciable, mientras que al mismo tiempo nos guardamos muy bien de actuar de esa forma despreciable. Buscamos condiciones bajo las que la conducta haya sido positivamente reforzada, y entonces rehusamos comportarnos de esa manera: jugamos con la tentación para que nuestra conducta adquiera relieve, como el asceta en el desierto hacía gala de las virtudes de la vida austera, las cuales acentuaba arreglándoselas para tener a mano hermosas mujeres y manjares deliciosos. Nos obstinamos en castigarnos a nosotros mismos, cuando en realidad podríamos evitarnos ese castigo instantáneamente; O aceptamos el sino del mártir cuando podríamos rehuirlo.

Cuando tratamos de elogiar los méritos ajenos, minimizamos la claridad de las causas de su conducta. Recurrimos mejor a la advertencia educada que al castigo, porque los reforzadores condicionados son menos obvios que los incondicionados, y la evitación más loable que el escape. Le damos al estudiante una pista en vez de decirle la respuesta completa: de esta forma podrá ser elogiado su conocimiento si esa pista le resultó suficiente. En general, meramente sugerimos o aconsejamos, en vez de dar órdenes. Concedemos permiso a aquellos que, con permiso o sin él, se han de comportar de modo inconveniente. Como en el caso de un obispo que, presidiendo la mesa, dijo: "Aquellos que piensan fumar, pueden hacerlo". Facilitamos a la gente quedar bien, aceptando las explicaciones que dan de su conducta, por muy sorprendentes que esas razones resulten. Y ponemos a prueba la honorabilidad, dándole a la gente razones para comportarse deshonrosamente. La paciente Griselda, de Chaucer, demostró su fidelidad a su marido rechazando las prodigiosas razones que él le daba para que ella fuera infiel.

Puede ser cuestión simplemente de prudencia el hecho de que valoremos la conducta en razón inversa a la claridad de sus causas. De esta forma hacemos un uso juicioso de nuestras propias posibilidades o recursos. No tiene razón de ser el elogiar a una persona que hace lo que en cualquier caso haría de todas formas, y estimamos las posibilidades a partir de la evidencia visible. Muy probablemente elogiaremos a una persona cuando sabemos que ésa es la única forma de conseguir de ella lo que pretendemos, cuando no existen otras razones para que se comporte de otra forma. No elogiamos cuando sabemos que ese elogio no será eficaz. No desperdiciamos nuestros elogios en los reflejos, porque sólo con gran dificultad podemos fortalecerlos —si es que es posible hacerlo—, por medio de un reforzamiento operante. No elogiamos tampoco aquello que se ha producido accidentalmente. También retiramos nuestro elogio si éste va a ser proporcionado por otros; por ejemplo, no se nos ocurre alabar a quien da limosna haciéndose anunciar a son de trompeta, puesto que "ya reciben su recompensa[6]". (El uso prudente de recursos es más claro, por lo general, en lo que se refiere al castigo. No desperdiciamos un castigo cuando sabemos que no va a producir efecto —cuando, por ejemplo, la conducta que castigamos fue algo accidental, o llevada a cabo por una persona con discapacidad intelectual o psicosis).

También esa norma de prudencia o buen gobierno puede explicar por qué no elogiamos a personas que, obviamente, sólo buscan el elogio. La conducta debe ser elogiada solamente si llega a ser algo más que meramente elogiable. Si aquellos que hacen algo sólo para ser elogiados no hacen nada en otros sentidos, el elogio en ese caso es desperdiciado. También es posible que se interfiera con los efectos de otras consecuencias; el jugador que sólo busca lucirse y ser aplaudido, que "actúa para la galería", muy probablemente rinda menos porque reacciona con menos sensibilidad a las contingencias del juego.

Parecemos estar interesados en el uso juicioso de premios o castigos cuando los consideramos justos o injustos, apropiados o inapropiados. Nos preocupamos por lo que una persona "merece", o, como define el diccionario, por lo que él es "exactamente merecedor de, o adecuadamente acreedor a, o capaz de reclamar justamente en virtud de algo que ha hecho o de los méritos contraídos". Una recompensa en exceso generosa es más de lo que se necesita para sostener o mantener la conducta. Es especialmente injusta cuando no se ha hecho nada en absoluto que la merezca, o cuando en realidad lo que se ha hecho merecería precisamente un castigo. Un castigo exagerado también es injusto, especialmente cuando nada se ha hecho que lo merezca, O cuando el castigado ha obrado correctamente. Las consecuencias no previstas pueden causar problemas: la buena suerte refuerza con frecuencia la indolencia, y la mala suerte puede destruir la laboriosidad. (Los reforzadores que aquí discutimos no son causados necesariamente por otras personas. La buena o mala suerte causa trastornos cuando no es merecida).

Intentamos corregir contingencias defectuosas cuando decimos que alguien debería "apreciar" su buena suerte. Queremos decir que la conducta de esa persona, de ahora en adelante, debería ser justamente reforzada por lo que ya ha recibido. Podemos opinar, en efecto, que alguien *puede* apreciar ciertas cosas solamente si ha trabajado para conseguirlas. (La etimología de "apreciar" es significativa: apreciar la conducta de una persona es ponerle o adjudicarle un precio. "Estima" y "respeto" son términos que se relacionan entre sí. Estimamos la conducta en el sentido de estimar lo adecuado del reforzamiento. Respetamos simplemente notando algo, cayendo en la cuenta o haciéndonos conscientes de algo. Por tanto, respetamos a un rival digno en el sentido de que estamos alerta a su fuerza. Un hombre se hace respetar haciéndose notar, y no nos merecen respeto aquellos a quienes no conocemos, o sea, aquellos sobre quienes no hemos caído en la cuenta. Sin duda caemos en la cuenta de aquello que apreciamos o estimamos, pero al hacerlo no lo tasamos necesariamente).

En nuestro interés por la dignidad o el valor hay algo más que simple prudencia o norma de buen gobierno con respecto a la evaluación adecuada de reforzadores. No solamente alabamos, elogiamos, aprobamos o aplaudimos a una persona, sino que la "admiramos", y la palabra es casi sinónimo de "maravillarnos ante", o "sorprendernos de". Permanecemos como en éxtasis ante lo inexplicable, y no es, por tanto, sorprendente el hecho de que muy probablemente admiremos más cierta conducta cuanto menos la entendemos. Y, por supuesto, lo que no entendemos lo atribuimos al ser autónomo. El trovador primitivo debía parecer traspuesto cuando recitaba su largo poema (y, efectivamente, invocaba a su musa para que le inspirara), de igual modo que el actor contemporáneo, al recitar su papel bien memorizado, parece quedar invadido por el personaje al que representa. Los dioses hablaron mediante oráculos y por medio de sacerdotes que recitaban el libro santo. Las ideas aparecen milagrosamente en los procesos inconscientes del pensamiento de los matemáticos intuitivos, a quienes, consecuentemente, se les admira más que a los matemáticos que proceden por bien razonados pasos. La capacidad creativa del artista, del compositor o del escritor, parece quedar personificada algo así como en un geniecillo[7].

Parece que recurrimos a lo milagroso cuando admiramos una conducta que no podemos fortalecer de ninguna otra forma. Podemos obligar a los soldados a que pongan en juego sus vidas, o pagarles generosamente porque lo hagan, y es posible que no lleguemos a admirarlos en ninguno de los dos casos. Pero inducir a un hombre a arriesgar su vida cuando no "tiene" por qué hacerlo, y cuando no existen recompensas obvias por ello, entonces parece que no tengamos a mano Otra cosa que la admiración. Resulta clara la diferencia que hay entre admirar y elogiar, porque generalmente admiramos algo o a alguien a quien nuestra admiración no puede afectar. Podemos calificar de admirable un logro científico, una obra de arte, una composición musical o un libro: pero en un momento o en forma tales, que no lleguemos a afectar ni al científico ni al artista ni al compositor ni al autor, aunque debiéramos elogiarles y proporcionarles este y otros tipos de aliento, si pudiéramos. Admiramos la cualidad genética humana —la belleza corporal, la habilidad o la superioridad de un grupo, una familia o un individuo— pero no para modificarla. (La admiración puede hacer cambiar eventualmente esa dotación genética cambiando de una forma selectiva la reproducción, pero a una escala de tiempo ya muy distinta).

La que pudiéramos llamar lucha por la dignidad tiene muchos aspectos comunes con la lucha por la libertad. La supresión de un reforzador positivo es aversiva, y cuando a las personas se las priva del elogio o la admiración, o de la ocasión de ser admiradas o alabadas, responden de forma apropiada. Huyen de cuantos les privan de esta posibilidad, o les atacan para lograr debilitar su efectividad. La literatura de la dignidad localiza e identifica a aquellos que amenazan el valor de la persona, describe las tácticas de que se valen, y sugiere las medidas que sería oportuno adoptar. Como la literatura de la libertad, esta otra literatura de la dignidad no se preocupa demasiado del simple escape, seguramente porque para ello no hacen falta instrucciones. En vez de eso, se dirige sobre todo a debilitar a aquellos que privan a otros del elogio. Las medidas recomendadas no suelen ser, salvo en raras ocasiones, tan violentas como las que recomienda la literatura de la libertad, probablemente porque el simple desprestigio nunca puede llegar a resultar tan aversivo como el dolor o la muerte. De hecho, efectivamente, estas medidas recomendadas suelen ser meramente verbales; reaccionamos ante aquellos que no nos valoran ni nos elogian en la medida que merecemos, protestando, oponiéndonos o condenándolos, a ellos y a sus procedimientos. (Lo que se siente cuando una persona protesta se denomina resentimiento, definido significativamente como "la expresión de disgusto indignado", pero no protestamos *porque* nos sentimos resentidos, protestamos y nos sentimos resentidos cuando se nos priva de la ocasión de ser admirados o elogiados).

En gran medida la literatura de la dignidad se refiere a la injusticia, con relación a lo adecuado o inadecuado de premios y castigos. Y ambas, la libertad y la dignidad, entran en juego cuando se considera lo apropiado o no de un castigo. A esta literatura se le incorporan prácticas económicas cuando se trata de determinar la justicia o injusticia de precios y salarios. La primera protesta del niño, "eso es injusto", normalmente se refiere a la magnitud de un premio o de un castigo. Aquí, ahora, nos referimos principalmente a aquella parte de la literatura de la dignidad que denuncia los abusos con respecto al valor personal. Una persona protesta —e incidentalmente se siente indignada— cuando gratuitamente se le atropella, se le maltrata, o se juega con ella. Cuando se le obliga a trabajar con herramientas inservibles. Cuando se le engaña y se le hace ridícula víctima de objetos de pega o trucos parecidos. O cuando se le obliga a comportarse de forma degradante, como por ejemplo en una cárcel o en un campo de concentración. Protesta y se resiente por la presencia de cualquier control innecesario. Se ofende cuando pretendemos pagarle servicios que nos ha prestado como favor, porque eso implica de nuestra parte menos aprecio de su generosidad o buena voluntad. Un estudiante protesta cuando le "soplamos" una respuesta que ya sabe, porque de esa forma eliminamos la posibilidad de elogio, que hubiera merecido, por saberla. Proporcionarle a un creyente pruebas de la existencia de Dios es destruir su exigencia de fe pura. El místico reacciona contra la ortodoxia. Y el antinomismo sostenía que comportarse bien siguiendo estrictamente unas reglas, no era signo verdadero de bondad. El civismo no resulta fácilmente demostrable en presencia de la policía. Exigir de un ciudadano la firma de un juramento de fidelidad significa destruir en parte esa fidelidad, porque así la integridad en la fidelidad que el ciudadano podría reclamar podrá ser puesta en duda, puesto que cualquier acto subsecuente de fidelidad podrá ser atribuido a la fuerza del juramento y no a la iniciativa personal.

El artista rechaza (o se resiente por ello) la acusación de que hace la clase de pintura que se vende bien, y el escritor reacciona de la misma forma ante el mismo tipo de acusación, como el político cuando se le echa en cara que propugna según qué clase de medidas simplemente para conseguir más votos. Probablemente también nosotros rechazaremos (y nos resentiremos) cuando se nos diga que no hacemos sino imitar a alguien a quien admiramos, o que estamos meramente repitiendo lo que hemos oído o leído en algún libro. Nos oponemos a (y rechazamos) cualquier sugerencia en el sentido de que las consecuencias aversivas, a pesar de las cuales nos comportamos bien, no tienen importancia. De esta forma reaccionamos en contra cuando se nos dice que la cumbre que vamos a escalar no entraña realmente ninguna dificultad; que el enemigo al que de modo inminente vamos a atacar no es, después de todo, tan formidable; que el trabajo que estamos llevando a cabo no es tan difícil, o, siguiendo a La Rochefoucauld, que actuamos bien porque no tenemos fuerza de carácter para comportarnos mal. Cuando P. W. Bridgman dijo que los científicos eran particularmente propensos a admitir y corregir sus propios errores, porque en el terreno de la ciencia cualquier equivocación es muy fácilmente descubierta por algún otro científico, se le echó en cara que parecía estar poniendo en duda la honradez de los científicos.

De vez en cuando los avances tecnológicos en física y biología han parecido constituir amenazas al valor o a la dignidad, cuando han reducido las ocasiones en las que se reciben elogios o admiración. La ciencia médica ha hecho casi desaparecer la necesidad de sufrir en silencio —y, por tanto, la ocasión de ser admirados por ello—. Edificios a prueba de incendios ya no dejan lugar al lucimiento de aguerridos bomberos; las seguras técnicas de navegación hacen innecesario al valeroso marino, como los aviones más seguros al valeroso piloto. Las modernas centrales lecheras no dejan lugar a ningún Hércules. Cuando los trabajos agotadores o peligrosos desaparecen, aquellos que son trabajadores y valientes, parecen ahora tontos.

En este punto la literatura de la dignidad no coincide con la de la libertad, puesto que esta segunda favorece la desaparición o reducción de los aspectos aversivos de la vida diaria, haciendo de la conducta, por ejemplo, algo cada vez menos arduo, peligroso o doloroso. Pero la preocupación por el valor personal triunfa a veces sobre la liberación de estímulos aversivos —por ejemplo, cuando al margen por completo de toda cuestión médica, el parto sin dolor no es aceptado tan fácilmente como el cuidado dental también sin dolor—. Un experto militar, J. F. C. Fuller, ha escrito: "Las condecoraciones militares más altas se conceden no en virtud de la inteligencia sino en virtud del valor, y la introducción de cualquier arma nueva que hace innecesario el arrojo personal no despierta sino oposición[8]". Algunos recursos mecánicos que ahorran trabajo son aún ahora rechazados, so pretexto de que reducen el valor del producto. Los aserradores probablemente rechazaron la introducción de los aserraderos mecánicos, y los destruyeron, porque la innovación les dejaba sin puestos de trabajo; pero resulta también significativo el hecho de que las serrerías redujeron el valor de su trabajo reduciendo precisamente el valor de los tablones serrados. En este conflicto, sin embargo, la libertad acaba siempre por imponerse a la dignidad. Las personas han sabido despertar la admiración sometiéndose al peligro, a trabajos muy difíciles y al dolor, pero casi todas ellas prescindirían muy gustosamente de esa admiración, despertada a costa de tales sacrificios.

La tecnología de la conducta no avanza tan fácilmente como la tecnología física o biológica porque amenaza demasiadas cualidades ocultas. El alfabeto fue un gran invento que posibilitó al hombre acumular y transmitir las pruebas de su conducta verbal, y aprender con poco esfuerzo lo que a otros les había costado mucho —es decir, aprender por medio de libros en lugar de hacerlo mediante el contacto directo, y quizá doloroso, con el mundo real —. Pero hasta que el hombre comprendió las extraordinarias ventajas de esta posibilidad de aprender, gracias a la experiencia de otros, la aparente destrucción del mérito personal fue algo objetable. En el *Fedro*, de Platón, Thamus, el rey egipcio, asegura que aquellos que aprenden mediante libros, tan sólo tienen una apariencia —una sombra— de sabiduría, no la sabiduría misma. Leer meramente lo que otro ha escrito y repetirlo es menos elogiable que decir lo mismo, pero por razones misteriosas. Una persona que lee un libro parece omnisciente y, sin embargo, para Thamus, "no sabe nada". Y cuando se usaba un texto para aliviar o ayudar a la memoria, Thamus sostenía que, de esta forma, la memoria caería en desuso. Leer parece menos elogiable que recitar de memoria lo que uno ha aprendido. Y hay otras muchas formas por medio de las cuales la tecnología de la conducta reduce la ocasión de ser admirado, al reducir cada vez más la necesidad de trabajo agotador, doloroso o peligroso. La regla de cálculo, las máquinas calculadoras y la computadora son las enemigas de la mente aritmética. Pero también ahora lo que se gana en liberación de estímulos aversivos puede compensar cualquier pérdida de admiración.

Puede parecer que no se obtienen beneficios proporcionales, cuando la dignidad o el valor parecen ir decreciendo en virtud de un análisis científico básico, aparte de por posibles aplicaciones tecnológicas. En la naturaleza misma del proceso científico está el hecho de que las funciones del ser autónomo van siendo sustituidas, una tras otra, conforme se va conociendo cada vez más el papel del medio ambiente. Una concepción científica parece ser degradante porque eventualmente no quedará nada por lo que poder elogiar al ser autónomo. Y, por lo que se refiere a la admiración —en el sentido de "lo maravilloso"—, la conducta que admiramos es la que todavía no podemos explicar. La ciencia, naturalmente busca una más completa explicación de esa conducta; su meta última es la destrucción del misterio. Los defensores de la dignidad protestarán, pero al comportarse así minusvaloran un logro humano por el cual, en términos tradicionales, el hombre se haría acreedor al mayor de los elogios, y por el cual conseguirían precisamente el máximo motivo de admiración.

*

Reconocemos la valía o la dignidad de una persona cuando elogiamos lo que ha hecho. El grado de elogio es inversamente proporcional a la claridad de las causas de su conducta. Si no entendemos por qué una persona actúa como lo hace, entonces le atribuimos su conducta a él mismo. Intentamos conseguir elogios adicionales ocultando las razones por las cuales nos comportamos del modo que lo hacemos en según qué casos, o asegurando que hemos obrado por razones mucho menos poderosas. Evitamos disminuir la valoración debida a otras personas, controlándolas disimuladamente. Admiramos a las personas en la medida en que no podemos explicar lo que hacen, y en este caso la palabra "admirar" significa "maravillarnos de". La que pudiéramos llamar literatura de la dignidad se preocupa de salvaguardar la posibilidad del elogio debido. Esta literatura puede oponerse al avance tecnológico, incluida la tecnología de la conducta, pues esos avances destruyen las posibilidades de ser admirada que tiene la persona humana. También se opone a un análisis básico, porque éste, a su vez, ofrece una explicación distinta de la conducta por la que el individuo mismo, hasta entonces, había sido elogiado. De esta forma, esa literatura se interpone en el camino de ulteriores logros humanos.

4

Castigo

La libertad suele a veces definirse como la falta de limitaciones o impedimentos. Una rueda decimos que funciona libremente cuando se da muy poca fricción en los cojinetes; un caballo se libera del poste al que ha sido atado; un hombre, igualmente se libera de la rama en que ha quedado atrapado al trepar a un árbol. Las limitaciones físicas son una condición obvia y parecen de particular utilidad al tratar de definir la libertad, pero con respecto a ciertos problemas importantes no pasan de ser una metáfora, y no muy buena, por cierto. Evidentemente, a las personas se las puede controlar mediante grilletes y cadenas, esposas, camisas de fuerza y muros carcelarios o campos de concentración. Pero el control de la conducta, al que aquí nos referimos, es algo muy diferente: la limitación impuesta por contingencias de reforzamiento.

Excepto cuando queda limitada físicamente, la persona se siente menos libre o dignificada cuando se comporta bajo amenaza de castigo, y desgraciadamente así se encuentran la mayoría de las personas. El castigo es algo muy común en la naturaleza misma, y de esta realidad aprendemos mucho. Un niño corre torpemente, se cae y se hace daño; toma una abeja y ésta le pica; le quita un hueso a un perro y el perro le muerde: como resultado de todas estas experiencias aprende que no debe repetirlas. Las personas han construido un mundo más cómodo y menos peligroso a partir, principalmente, de este hecho: evitar las formas diversas de castigo natural.

La palabra castigo queda limitada normalmente a contingencias preparadas intencionadamente por otras personas, las cuales actúan de esta forma porque los resultados les son reforzadores. (Las contingencias punitivas no deben ser confundidas con el control aversivo por cuyo medio se induce a las personas a que se comporten de un modo determinado. El castigo, por el contrario, se suele usar con el fin de que la gente no se comporte de según qué forma[1]). Una persona recurre al castigo cuando critica, ridiculiza, condena o físicamente ataca a otra persona, con el fin de que termine de comportarse de una forma indebida. El Gobierno con frecuencia queda definido en términos del poder de castigar, y algunas religiones enseñan que a una conducta pecadora le seguirán castigos eternos horribles.

Se podría esperar de las literaturas de la libertad y de la dignidad que se opusieran a medidas de esta clase y que lucharan por un mundo distinto en el que el castigo fuera menos frecuente o incluso desapareciera por completo. Hasta cierto punto así lo han propugnado. Pero las sanciones punitivas todavía son muy frecuentes. Las personas se controlan unas a otras, aun ahora, más frecuentemente por medio de censuras o reproches que por exhortaciones o elogios, el ejército y la policía siguen siendo las armas de gobierno más poderosas, a los fieles todavía se les recuerdan ocasionalmente las llamas del infierno, y los maestros han desterrado el uso de la palmeta sólo para sustituirla por formas de castigo mucho más definidas. Y lo curioso del caso, con respecto a cuantos defienden la libertad y la dignidad, es que no solamente no se oponen a este tipo de medidas, sino que ellos son en gran parte los últimos responsables de que todavía no hayan desaparecido. Esta extraña situación sólo puede ser entendida fijándonos en la forma en que los organismos reaccionan ante las contingencias punitivas.

El castigo está diseñado para hacer desaparecer la conducta torpe, peligrosa, o indeseable de cualquier forma, que una persona lleva a cabo. Y así se parte del presupuesto de que una persona que ha sido castigada por algo concreto, muy probablemente ya no lo repetirá de la misma forma. Desgraciadamente, el asunto no es tan simple como todo eso. El premio y el castigo no varían simplemente en la dirección que se pretende imprimir a una conducta determinada. Un niño que ha sido severamente castigado por ciertas prácticas sexuales, no necesariamente dejará de inclinarse menos a las mismas. Y alguien que haya sido encarcelado por haber llevado a cabo un asalto violento, no por ello necesariamente deja de experimentar inclinación a la violencia. La conducta por la que la persona ha recibido el castigo reaparecerá muy probablemente una vez que concluyan esas contingencias punitivas.

Con mucha frecuencia podrían llegar a explicarse de manera muy distinta los que, a primera vista, podríamos creer efectos pretendidos del castigo. Por ejemplo, el castigo puede provocar emociones incompatibles. Un chico que haya sido severamente castigado por llevar a cabo cierta actividad sexual puede que en adelante no se sienta demasiado inclinado a repetirla, y hay que hacer notar que tratar de escapar de un castigador es incompatible con atacarlo, Las ocasiones futuras para llevar a cabo esa actividad sexual, o aquel asalto violento, pueden llegar a evocar conducta incompatible similar a través de un proceso de condicionamiento. El que el efecto se manifieste como vergüenza, culpabilidad o remordimiento depende de que el castigo lo administre el padre o tutor, un gobierno o una Iglesia, respectivamente.

La condición aversiva fomentada por el castigo (y experimentada de estas diversas formas o maneras) tiene un efecto mucho más importante. En el sentido más literal, puede que una persona consiguientemente se comporte de una forma determinada "para evitar el castigo". Puede evitarlo dejando de comportarse de manera punible, pero existen también otras posibilidades. Algunas de ellas desequilibran, o producen inadaptados o neuróticos, y, por tanto, han sido detenidamente estudiadas. Los así llamados "dinamismos" de Freud[2] se asegura que son procedimientos por medio de los cuales los deseos reprimidos eluden al censor y encuentran la forma de expresarse, pero también es cierto que pueden ser simplemente interpretados como procedimientos con que las personas evitan ser castigadas. Y de esta manera quizá la persona se comporte de tal forma que no pueda ser castigada porque esa conducta no se puede ver, por ejemplo, *fantaseando* o *soñando*. También puede *sublimar* su conducta comportándose de tal modo que eso que hace tenga efectos reforzadores más bien similares, pero no sea, por el contrario, razón de castigo. Puede *desplazar* la conducta punible dirigiéndola hacia objetos que no pueden castigar —por ejemplo, puede comportarse de modo agresivo contra objetos físicos, niños o pequeños animales—. Puede también ver o leer acerca de otros que se comportan de modo punible, *identificándose* con ellos; o interpretando la conducta de otros como punible, proyectando sus propias tendencias. Puede también *racionalizar* su conducta encontrando razones, bien para sí mismo, bien para otros, que la convierten en no punible; como quien asegura, por ejemplo, que castiga a un niño "por el propio bien de la criatura".

Hay formas más eficaces de evitar el castigo. Una persona puede evitar ciertas ocasiones de las cuales probablemente podría deducirse una conducta punible. Quien ha sido castigado por ser un borracho, por ejemplo, puede "evitar la tentación" manteniéndose alejado de según qué lugares en los cuales él sabe que puede beber demasiado; un estudiante, al que se ha castigado por su falta de estudio, puede evitar las situaciones que le distraigan de su trabajo. Otra posibilidad, todavía, sería la de cambiar de ambiente, de tal forma que en ese nuevo contexto su misma conducta anterior ya no resulte punible. Reducimos las contingencias naturales de castigo cuando reparamos una escalera en mal estado: de esta forma es menos probable que nos caigamos de ella. Y debilitamos las contingencias punitivas de tipo social frecuentando, por ejemplo, amigos más tolerantes.

Otra estrategia podría ser la de modificar la probabilidad de que cierta conducta punible tenga lugar. Una persona a la que se le castiga frecuentemente por causa de su carácter fácilmente irascible, hará bien en contar hasta diez antes de actuar; y evita el castigo si, mientras está contando, su inclinación a actuar de modo agresivo amaina hasta un nivel ya más razonable. O puede también probablemente hacerse menos acreedor al castigo por medio de innovaciones en su condición fisiológica, controlando su agresividad, pongamos por caso, al tomar un tranquilizante. La gente ha recurrido incluso a procedimientos quirúrgicos —castrándose, por ejemplo, o siguiendo al pie de la letra el mandamiento bíblico de cercenar la mano que ocasionó el pecado[3]—. Las contingencias punitivas pueden inducir también a crear o construir ambientes en los cuales pueden llegar a desaparecer las ocasiones punibles; se evita problemas manteniéndose ocupado con cosas que no se castigan, como "haciendo alguna otra cosa" tenazmente. (Gran parte de la conducta que a primera vista pudiera parecer irracional, en el sentido de que no parece tener consecuencias reforzantes positivas, puede en cambio tener el efecto de evitar otra conducta sujeta, ésta sí, a castigo). La persona puede incluso llegar a tomar medidas que fortalecen ciertas contingencias que, en su experiencia, resultan de gran eficacia para dejar de comportarse de modo punible: puede, por ejemplo, tomar alguna droga bajo cuya influencia el tabaco o la bebida tengan fuertes consecuencias aversivas, tales como náusea; o puede someterse a sí mismo a posibles sanciones más fuertes, de tipo ético, religioso o cívico.

Todas éstas son las cosas que la persona puede hacer para reducir las posibilidades de ser castigada por su conducta. Pero también pueden ser hechas, en su lugar, por otra persona. La tecnología física ha reducido sensiblemente las ocasiones por causa de las cuales las personas son castigadas por vías naturales, y los ambientes sociales han cambiado lo suficiente como para reducir igualmente de modo sensible las ocasiones de castigo por parte de otros. Podemos indicar algunos recursos familiares en los que se ponen de manifiesto estos procesos.

El peligro de conducta punible puede ser disminuido creando circunstancias en las cuales difícilmente dicha conducta pueda ocurrir. El modelo arquetípico es el claustro. En un mundo en el que no hay a mano sino alimentos frugales, y en cantidad moderada, nadie queda sujeto al castigo natural de la indigestión, o al castigo social de ser despreciado por glotón, o al castigo religioso de la gula, pecado venial. Una conducta heterosexual resulta imposible cuando existe la segregación sexual, y la conducta sexual por sustitución, evocada por la pornografía, resulta imposible por la absoluta ausencia de material pornográfico. La "Ley seca" o la "Prohibición" fue un intento de controlar el consumo de alcohol retirándolo del medio ambiente. Aun ahora se practica en ciertos estados de la Unión, y parcialmente en casi todos ellos, hasta el punto de que en casi ningún sitio se vende a menores de dieciocho años, o a nadie en absoluto a según qué horas del día o en según qué días del año. El cuidado del alcohólico, bajo tratamiento en una institución, normalmente implica el control de abastecimiento. Y el uso de otras drogas que crean hábito también está controlado de la misma forma. Cuando la conducta agresiva no tiene otro remedio posible, se imposibilita mediante la reclusión incomunicada de la persona interesada: en ese caso ya no tiene a nadie cerca al que poder agredir. El robo se controla poniendo bajo llave, a buen recaudo, cuanto pueda ser robado.

Otra posibilidad es la de destruir las contingencias bajo las cuales la conducta objeto de castigo resulta reforzada. Un carácter irascible va suavizándose cuando no se le hace ningún caso; la conducta agresiva queda atenuada cuando el que la padece se convence de que con ello no consigue nada, y el exceso de comida puede remediarse no haciendo los alimentos tan apetitosos. Otro recurso consiste en arreglárselas para que las circunstancias permitan que la conducta no resulte motivo de castigo. San Pablo recomendaba el matrimonio como medio de reducir formas objetables de conducta sexual, y hasta la pornografía ha sido recomendada por las mismas razones. La literatura y el arte permiten "sublimar" otras clases de conducta de algún modo problemática. La conducta punible se puede también suprimir mediante el reforzamiento vigoroso de alguna otra conducta que la desplace. Los deportes organizados son, con frecuencia, promovidos bajo el presupuesto de que pueden proporcionar un ambiente adecuado, en el cual la juventud esté tan ocupada que pueda olvidarse de ciertos problemas que les pueden causar complicaciones, Si todo esto fracasa, quizá la conducta punible pueda evitarse con más garantías de éxito mediante el cambio de las condiciones fisiológicas. Se puede hacer uso de las hormonas para cambiar determinadas conductas sexuales, operaciones quirúrgicas (como la lobotomía) para controlar la violencia, tranquilizantes para controlar la agresividad, y algunas drogas que quitan el apetito para controlar el exceso de alimentación.

Algunas de estas medidas resultan con frecuencia incompatibles unas con otras, y pueden tener consecuencias imprevisibles. Los hechos demostraron que era imposible controlar el suministro de alcohol durante la "Ley Seca", y la radical separación de sexos puede inducir homosexualidad. La supresión excesiva de conductas, que de lo contrario serían reforzadas vigorosamente, puede que conduzca a la defección y al alejamiento del castigado del grupo que castiga. Estos problemas son en esencia solubles, con todo; y debería ser posible la organización de un mundo en el cual rara vez se produzca una conducta acreedora de castigo, o incluso no se produzca nunca. Nosotros intentamos organizar este posible mundo para aquellos que no pueden solucionar por sí mismos el problema del castigo, como en el caso de los niños, los discapacitados de cualquier tipo, o los psicóticos, y si esto pudiera conseguirse para toda persona, nos ahorraríamos mucho tiempo y energía.

Los defensores de la libertad y la dignidad se oponen a la solución de este problema del castigo con estos procedimientos. Un mundo tal engendraría tan sólo bondad automática. T. H. Huxley no vio nada malo en este intento: "Si algún gran poder estuviera de acuerdo en hacerme siempre pensar lo que es verdad y hacer lo que es correcto, con la condición de convertirme en algo así como un reloj y se me diera cuerda cada mañana antes de saltar de la cama, cerraría el trato instantáneamente[4]". Pero Joseph Wood Krutch se refiere a este hecho como a una apenas creíble posición de un "proto-moderno", y comparte la despectiva actitud de T. S. Eliot por "sistemas tan perfectos que nadie necesitará ser bueno[5]".

El problema está en que cuando castigamos a una persona por su mala conducta, dejamos que sea ella misma la que descubra cómo comportarse bien, y poder así ser elogiada por comportarse de modo adecuado. Pero si se comporta bien por las razones que acabamos de examinar antes, será más bien el ambiente el que deba ser elogiado. Queda en juego uno de los atributos del ser autónomo. Los hombres deben comportarse bien solamente porque son buenos. Bajo un sistema "perfecto" nadie necesita la bondad.

Por supuesto, existen razones válidas para minusvalorar a una persona que es buena de forma automática, pues en ese caso sería menos persona. En un mundo en el que el hombre no necesita trabajar arduamente, no aprenderá a conservar el trabajo arduo. En un mundo en el que la ciencia médica ha aliviado el dolor, el hombre no aprenderá a encajar bien los estímulos dolorosos que se produzcan. En un mundo que fomenta la bondad automática, nadie aprenderá a aceptar el castigo asociado con la mala conducta. Preparar a las personas para un mundo en el cual no puedan comportarse bien automáticamente, exige que esas personas sean instruidas de forma adecuada, pero esto no significa un ambiente permanentemente punitivo, y no hay razón alguna por la que deba impedirse el progreso en busca de un mundo en el cual la gente pueda comportarse bien automáticamente. El problema no es inducir a la gente a ser buena, sino a que se comporte bien.

La cuestión estriba de nuevo en la visibilidad del control. Conforme es más difícil ver las contingencias del ambiente, la bondad del ser autónomo llega a ser más aparente, y existen diversas razones por las cuales el control punitivo se convierte en algo menos visible. Un procedimiento simple para evitar los castigos es eludir a los que los administran. Ciertas actividades sexuales se transforman en subrepticias, y un hombre violento solamente ataca cuando la policía no está cerca. Pero quien castiga puede compensar esto escondiéndose. Los padres con frecuencia espían a sus hijos sin que éstos caigan en la cuenta, y la policía puede usar traje de paisano. El escape entonces debe llevarse a cabo de modo más sutil. Aunque los automovilistas obedecen los límites de velocidad solamente cuando está visible la policía, también es posible controlarlos por medio del radar; pero en este caso el automovilista puede instalar en su propio coche un artefacto electrónico que le dirá si el radar está en funcionamiento o no. Un Estado que transforma a todos sus ciudadanos en espías, o una religión que fomenta el concepto de un Dios omnisciente hace prácticamente imposible eludir a quien castiga, y las contingencias punitivas adquieren entonces su máximo grado de eficacia. La persona puede comportarse bien, aunque no exista una supervisión visible.

Pero la ausencia del supervisor con frecuencia es mal interpretada. Normalmente se dice que el control se convierte en interior, lo cual es simplemente otra forma de decir que pasa del ambiente al ser autónomo, pero lo que sucede en realidad es que pasa a ser algo menos visible. Un género de control que se dice interno podría quedar representado por el concepto judeo-cristiano de conciencia, o por el *superego* freudiano. Estos agentes interiores hablan quedamente, en voz baja, diciéndole a una persona lo que debe hacer y, en particular, lo que no debe hacer. Las palabras se originan en la comunidad. La conciencia y el *superego* sustituyen y representan en cierta forma a la comunidad —tienen un papel vicario en el sentido bíblico-etimológico de la palabra—, y tanto teólogos como psicoanalistas por igual reconocen sus orígenes externos. Cuando el Viejo Adán, o el *id*, hablan en favor del bien personal manifestado por la cualidad genética del hombre, la conciencia o el *superego* hablan en nombre de lo que es bueno para otros.

La conciencia o el *superego* no surge simplemente como consecuencia de la desaparición aparente de quien castiga. Sino que representan un número de prácticas auxiliares que le dan más efectividad a las prácticas punitivas. Ayudamos a una persona a que evite el castigo advirtiéndole de las contingencias punitivas, le aconsejamos que no se comporte de forma tal que se haga acreedora con toda probabilidad al castigo, y le indicamos que se comporte de modo tal que no sea castigada. Muchas leyes civiles y religiosas tienen estos efectos: describen las contingencias concretas bajo las cuales determinadas formas de conducta son castigadas y otras no. Refranes, proverbios y otras formas diversas de sabiduría popular, proporcionan con frecuencia reglas útiles de tipo práctico. "Mira antes de saltar" es un mandato derivado del análisis de cierta clase de contingencias: saltar sin mirar puede ser más verosímilmente castigado que si se mira previamente, y entonces no se salta, o bien se salta con más cuidado. "No robes" es también un consejo que se deduce de las contingencias sociales: la comunidad castiga a los ladrones.

La persona, de esta forma, puede evitar o eludir totalmente el castigo siguiendo las reglas de conducta que otras personas han deducido de las contingencias punitivas, del ambiente natural o social. Tanto las reglas, como las contingencias que originan esa conducta dictada por las mismas reglas, pueden ser obvias; pero también se pueden aprender para recordarlas más tarde, y el proceso de esta forma se convierte en algo invisible. El individuo es el que se dice a sí mismo lo que debe hacer y lo que no debe hacer, y puede ser fácil perder de vista el hecho de que ha aprendido a comportarse así por medio de la comunicación verbal. Cuando una persona deduce sus propias reglas a partir del análisis de las contingencias punitivas, estamos particularmente inclinados a elogiarle por la buena conducta que de ahí Se sigue, pero en realidad sucede que los pasos visibles se han perdido progresivamente en el pasado.

Cuando las contingencias punitivas son parte simplemente de un ambiente no social, resulta razonablemente claro lo que sucede. No permitimos que una persona aprenda a conducir un automóvil exponiéndola a contingencias punitivas graves. No le enviamos sin más a Una carretera abarrotada, sin que se haya preparado convenientemente para responsabilizarle luego de cuanto suceda. Le instruimos en lugar adecuado para que adquiera seguridad en la conducción del coche. Le enseñamos las reglas de la circulación. Se le permite que comience a conducir un coche preparado al efecto, de tal forma que las posibles contingencias punitivas se reducen, o incluso desaparecen por completo. Entonces —y sólo entonces— le llevamos ya a la carretera, pero a una de segundo orden o con muy poco tráfico. Si tenemos éxito, habremos conseguido un nuevo conductor sin haberle expuesto a castigo de ninguna clase, aunque sea cierto que las contingencias bajo las cuales tendrá que conducir durante el resto de su vida sigan siendo altamente punitivas. Probablemente digamos, sin reserva, que ese aprendiz de conductor ha adquirido el "conocimiento" que necesita para conducir con seguridad, o que ahora es ya un "buen conductor" en lugar de una persona que conduce bien. Cuando las contingencias son de tipo social, y muy en particular cuando quedan determinadas por una organización religiosa, tendemos mucho más probablemente a deducir un "conocimiento interno del bien" o una bondad interior.

La bondad a la que se atribuye una buena conducta es parte del valor o dignidad de una persona, y muestra la misma relación inversa con la visibilidad del control. Atribuimos el máximo de bondad a las personas que nunca se han comportado mal, y que, por consiguiente, nunca han sido castigadas, y que se comportan bien además sin seguir reglas. Jesús suele ser presentado habitualmente como el prototipo de esta clase de persona. Y deducimos una bondad en menor grado en aquellos que se comportan bien, pero solamente porque ya han sufrido algún castigo. El pecador arrepentido puede llegar a parecerse a un santo natural, pero el hecho de que, durante algún tiempo al menos, haya estado expuesto a contingencias punitivas implica cierta limitación en su bondad natural, Parecido a éste del pecador arrepentido es el caso de cuantos han analizado las contingencias punitivas de sus respectivos ambientes y deducen normas de conducta para evitar el castigo. Un grado menor de bondad se atribuye a quienes siguen reglas o normas formuladas por otros, y ya en mucha menor medida si esas normas, y las contingencias que mantienen esa conducta dirigida por reglas, resultan enteramente evidentes. No atribuimos bondad alguna a cuantos se comportan bien solamente bajo la supervisión constante de un agente externo punitivo, como por ejemplo la policía.

La bondad, como otros aspectos del valor o dignidad, crece en la medida en que se desvanece el control visible, y lo mismo ocurre, por supuesto, en lo que respecta a la libertad. John Stuart Mill opinaba que la única bondad digna de tal nombre era la de la persona que se comportaba bien, aunque pudiera hacerlo mal, y que solamente tal persona era en verdad libre[6]. Mill no estaba de acuerdo con la opinión de aquellos que propugnaban el cierre de las casas de prostitución; debían permanecer abiertas para que la persona adquiriera la libertad y la dignidad por medio del dominio de sí misma. Pero el argumento sólo resulta convincente si no prestamos atención a las razones por las cuales las personas se comportan bien, cuando aparentemente sería posible que se comportaran mal. Una cosa es prohibir el uso de los dados y los naipes, la venta de alcohol y cerrar las casas de prostitución, y otra cosa diferente resulta convertir todo ello en aversivo, como por ejemplo castigando la conducta que ellas fomentaban, o denominándolas tentaciones maquinadas por el diablo, o describiendo con negras tintas el destino trágico del borracho o las enfermedades venéreas producidas por el contacto con prostitutas. El efecto puede que sea el mismo: quizá la gente no juegue, no beba, ni vaya a casas de prostitución. Pero el hecho de que en un ambiente no puedan hacerlo y en otro ambiente no lo hagan —aunque pudieran hacerlo— es algo que no tiene nada que ver con la bondad o la libertad, sino más bien con las técnicas de control. En un ambiente, las razones para comportarse bien son claras; en el otro, fácilmente son descuidadas, o incluso olvidadas.

Se asegura a veces que los niños no están preparados para el ejercicio de la libertad y el autodominio hasta que tienen uso de razón, y que mientras esto sucede deberán ser conservados en un ambiente seguro, o bien ser castigados. Si el castigo puede ser pospuesto hasta que esos niños lleguen al uso de razón, en tal caso es probable que pueda evitarse por completo. Pero esto significa simplemente que los ambientes seguros y el castigo son las únicas medidas a mano hasta que el niño quede expuesto a las contingencias que le proporcionen otras Tazones para comportarse bien. Las contingencias apropiadas, con frecuencia no pueden ser preparadas para los pueblos primitivos, y se manifiesta la misma confusión entre el control visible y el interno cuando se asegura que los pueblos primitivos no están preparados para el uso de la libertad. Para lo que no estén preparados, en todo Caso, quizá sea simplemente para un tipo de control que exige una peculiar historia de contingencias.

El concepto de responsabilidad suscita muchos de los problemas relativos al control punitivo, a la vez que constituye uno de los atributos que, según se afirma, distinguen al hombre de otros animales. La persona responsable es alguien "acreedor" a algo. Le elogiamos cuando se comporta bien para que continúe comportándose así, pero casi siempre con más probabilidad utilizamos el término cuando lo que merece, o a lo que esa persona se hace acreedora, es un castigo. Hacemos a una persona responsable de su propia conducta en el sentido de que, por ella, pueda ser castigada justamente o con equidad. Este es asunto, otra vez, de buen gobierno, del uso juicioso de reforzadores, de conseguir "que el castigo se adecúe al crimen". Más castigo del necesario es derroche y puede anular líneas deseables de conducta; mientras que un castigo demasiado insignificante es desperdiciado al no producir efecto alguno.

La determinación legal de la responsabilidad (y la justicia) tiene que ver sobre todo con los hechos. ¿Se comportó efectivamente una persona en la forma que se asegura que lo hizo? ¿Se produjeron las circunstancias exigibles, para que la conducta pueda ser calificada legalmente de punible? Si este es el caso, ¿qué leyes hay que aplicar y qué castigos específicos prevén esas mismas leyes? Pero existen otros interrogantes que afectan más bien al ser interior. ¿Fue intencionado o premeditado aquel acto? ¿Se produjo en un momento de ciega ira? ¿Conoce la persona la diferencia entre lo bueno y lo malo? ¿Era consciente de las posibles consecuencias? Todos estos interrogantes concernientes a sentimientos, propósitos, conocimiento, etc., pueden volverse a formular en términos del ambiente al que una persona ha sido expuesta. Lo que una persona "piensa hacer" depende de lo que ha hecho en el pasado y de lo que le ha sucedido como consecuencia de ello. Una persona no actúa porque "esté enfadada", sino que actúa y está enfadada por una razón común, no especificada. El que merezca un castigo o no, teniendo en cuenta todas estas condiciones, es ya una pregunta que se refiere a los resultados probables: ¿se comportará, en caso de que sea castigado, de modo diferente cuando surjan de nuevo circunstancias similares? Existe la tendencia generalizada a sustituir controlabilidad por responsabilidad, y la controlabilidad no se considerará probablemente como posesión peculiar del ser autónomo, puesto que alude o se refiere a condiciones externas.

El aserto de que "sólo un hombre libre es responsable de su propia conducta" tiene dos sentidos, que dependen de que nuestro interés descanse en la libertad o en la responsabilidad. Si lo que queremos decir es que la persona es responsable, no debemos hacer nada que se interfiera con su ser considerado responsable de sus actos. Si lo que queremos decir, por el contrario, es que la persona es libre, debemos considerarle responsable de su conducta manteniendo las contingencias punitivas, puesto que, si se comportara de la misma forma bajo contingencias obviamente no punitivas, resultaría claro que esa persona no sería libre.

Cualquier progreso hacia un ambiente en el que los hombres sean automáticamente buenos amenaza la responsabilidad. Por ejemplo, en el control del alcoholismo, la práctica tradicional es punitiva. La borrachera se califica de "mala", y otras personas imponen sanciones éticas por tal conducta (la condición generada suele experimentarse como vergüenza); o bien se considera como ilegal y queda sujeta, por tanto, a sanciones por parte de las autoridades civiles (experimentándose la condición generada como culpabilidad); o, finalmente, es calificada de pecaminosa, con el castigo a cargo de organizaciones religiosas (y en este caso la condición generada adopta la forma de lo que se conoce como sentido del pecado). Tal práctica no ha conseguido un éxito evidente, y se han buscado otras medidas de control. Son significativas en este sentido ciertas evidencias médicas. Varían mucho en las personas, no sólo su capacidad de resistencia al alcohol, sino también el grado de adicción que la bebida despierta. Una vez que una persona ha llegado a convertirse en alcohólica, puede que beba para aliviar graves síntomas de retraimiento que, cuantos no han tenido tales experiencias, no siempre tienen en cuenta. Las implicaciones médicas de esta situación hacen surgir la pregunta concerniente a la responsabilidad del interesado: ¿hasta qué punto es justo castigar a un alcohólico? Desde el punto de vista de la prudencia, ¿podemos esperar que el castigo sea suficientemente efectivo para superar las contingencias positivas opuestas? ¿No deberíamos, más bien, preocuparnos de la condición médica? (Nuestra cultura difiere de la Erewhon de Samuel Butler al no imponer sanciones punitivas a la enfermedad). En la medida en que la responsabilidad disminuye, el castigo se suaviza.

La delincuencia juvenil es otro buen ejemplo. Desde un punto de vista tradicional, el joven es responsable de obedecer la ley y puede ser justamente castigado si la desobedece, pero resulta difícil mantener contingencias punitivas eficaces, y, en consecuencia, se ha intentado encontrar otras medidas. Parece importante destacar el hecho, que la investigación social hace evidente, de que la delincuencia juvenil es más frecuente en determinadas áreas urbanas y entre la población más pobre. Hay más probabilidad de que una persona robe si resulta que tiene muy poco, o nada en absoluto, propio; si su educación no le ha capacitado para conseguir y mantener un empleo decoroso que le permita ganar lo suficiente como para poder comprar lo que necesita; si hay escasez de puestos de trabajo; si no se le ha enseñado a obedecer las leyes; o si ve frecuentemente a otros quebrantar las leyes impunemente. En tales condiciones, la conducta delictiva queda poderosamente reforzada y sería raro que fuera erradicada por medio de sanciones legales. Las contingencias, por tanto, quedan suavizadas: el delincuente puede ser simplemente advertido o su sentencia suspendida. La responsabilidad y el castigo disminuyen juntos.

El problema auténtico estriba en la efectividad de las técnicas de control. No resolveremos los problemas del alcoholismo y la delincuencia juvenil mediante el aumento del sentido de la responsabilidad. El verdadero "responsable" de la conducta inconveniente es el ambiente, y es, por tanto, ese ambiente lo que debemos cambiar, no ciertos atributos del individuo. Reconocemos esto bien claramente cuando hablamos de las contingencias punitivas en el ambiente natural. Estrellarse de cabeza contra un muro tiene un castigo natural inmediato: golpearse el cráneo. Pero a nadie se le ocurre considerar a un hombre responsable por no estrellarse contra las paredes, ni decimos tampoco que la naturaleza le considere responsable, La naturaleza, simplemente, castiga a quien se lanza contra el muro. Cuando queremos obviar los castigos naturales del mundo circundante, o cuando enseñamos a las personas a comportarse, con el fin de evitar los castigos naturales, como cuando por ejemplo les damos ciertas reglas para que las sigan, no estamos por eso mismo destruyendo la responsabilidad o amenazando la existencia de cualquier otra cualidad oculta. Mucho más sencillamente, estamos haciendo del mundo circundante algo más seguro.

El concepto de responsabilidad queda particularmente debilitado cuando a la conducta se le sigue la pista hasta llegar a ciertos factores genéticos determinantes. Podemos admirar la belleza, la delicadeza y la sensibilidad, pero a nadie se le ocurre culpar a una persona porque sea fea, espástica o daltónica. Sin embargo, causan problemas otras formas de la cualidad genética no tan visibles. Los individuos, probablemente, se diferencian, como se diferencia la especie, en el grado de capacidad para reaccionar con agresividad o en la medida en que su conducta queda reforzada cuando llevan a cabo ciertos actos de agresividad que producen daño. También varía la intensidad de su conducta sexual o el grado en que quedan afectados por reforzadores de este mismo tipo sexual. Por tanto, ¿acaso serán todos igualmente responsables al controlar su agresividad o su conducta sexual? ¿Sería justo castigar exactamente igual a personas con condicionantes tan distintos, como éstos que discutimos pueden llegar a ser? Si no castigamos a una persona por ser coja de nacimiento, ¿acaso deberíamos castigarla por ser temperamentalmente excitable o susceptible en grado sumo a reforzadores de tipo sexual? Recientemente se ha suscitado este tema a propósito de la posibilidad de que muchos criminales muestren anomalías en sus cromosomas. El concepto de responsabilidad ofrece muy poca ayuda. La cuestión está en la controlabilidad —o posibilidad de control—. No podemos cambiar defectos genéticos a través del castigo; sólo podemos actuar a base de ciertas medidas genéticas, pero que no consiguen eficacia sino a mucho más largo plazo. Lo que debemos intentar cambiar no es en modo alguno la responsabilidad del ser autónomo, sino las condiciones ambientales o genéticas de las cuales la conducta de la persona humana es tan solo la función.

Aunque hay mucha gente que protesta cuando su conducta puede ser atribuida, mediante un análisis científico, a condiciones externas —lo cual, por tanto, hace desaparecer la posibilidad de que esas personas sean elogiadas o puedan ser admiradas—, es lo cierto, sin embargo, que muy rara vez rechazan esas mismas personas la posibilidad de quedar exoneradas de toda culpa, mediante el uso de los mismos procedimientos. El rudimentario ambientalismo de los siglos dieciocho y diecinueve se usó rápidamente con propósitos de exoneración o disculpa. George Eliot lo ridiculizó. El rector en la novela *Adam Bede* exclama: "Bien, sí, un hombre no puede robar fácilmente un billete de banco, a menos que ese billete se encuentre convenientemente cerca; pero no nos hará pensar que es un hombre honrado a fuerza de soplar para que el billete caiga cerca y se haga el encontradizo". El alcohólico es el primero que reconoce que está enfermo, y el delincuente juvenil también piensa que no es sino una víctima de un ambiente desfavorable. Si no son responsables, tampoco pueden ser justamente castigados.

La exoneración es, en cierto sentido, el complemento de la responsabilidad. Cuantos toman sobre sí el hacer algo en relación con la conducta humana —por cualquier razón— se convierten ellos mismos en parte del ambiente hacia el cual queda desviada la responsabilidad. Desde el punto de vista tradicional, era el estudiante el que fracasaba, el niño quien se portaba mal, el ciudadano quien violaba la ley, y el pobre resultaba ser pobre precisamente porque era un holgazán. Pero ahora normalmente se dice que no hay estudiantes torpes, sino malos profesores; no niños malos, solamente malos padres; que no hay delincuencia excepto por parte de las organizaciones ejecutivas legales; y que no existen hombres indolentes, sino sólo malos sistemas de incentivos. Pero, por otra parte, debemos preguntar por qué son malos los maestros, los padres, los gobernantes y los hombres de negocios. La equivocación, como habremos de considerar más adelante, estriba en localizar en cualquier parte la responsabilidad, suponer que en algún sitio queda iniciada una secuencia causal.

Como Raymond Bauer ha puesto de relieve, la Rusia comunista proporcionó un caso histórico de interés con respecto a la relación entre el ambientalismo y la responsabilidad personal[7]. Inmediatamente después de la revolución, el gobierno podía muy bien asegurar que por causa de su ambiente que así los había moldeado, muchos rusos no tenían educación, eran improductivos, se comportaban mal y no eran felices. El nuevo gobierno podría cambiar el ambiente poniendo en práctica las teorías de Pavlov sobre los reflejos condicionados y todo se transformaría. Pero lo cierto es que, en los primeros años de la década de los treinta, el nuevo gobierno ya había tenido esa ocasión y de hecho muchos rusos seguían estando obviamente no mucho mejor informados, no eran más productivos, no se comportaban mejor, ni eran más felices. Entonces cambió la teoría oficial del gobierno, y Pavlov cayó en desgracia, siendo sustituido por una psicología acusadamente voluntarista. Era responsabilidad del ciudadano —y ya solo suya— conseguir educación, rendir en el trabajo, comportarse bien y ser feliz. Había que asegurarse de que el educador ruso aceptara esta responsabilidad, pero no condenándole. Sin embargo, el éxito ruso en la Segunda Guerra Mundial restituyó la confianza en el principio anterior; el gobierno había obtenido un triunfo después de todo. Podía ser que no resultara completamente eficaz, pero se avanzaba sin duda por el buen camino. Pavlov recuperó su prestigio.

La exoneración del controlador rara vez resulta tan fácilmente documentada, pero algo de esto probablemente es lo que siempre sucede implícitamente en el uso continuado de los métodos punitivos. Los ataques contra la bondad automática pueden mostrar preocupación con respecto al ser autónomo, pero las contingencias prácticas resultan más convincentes. Las literaturas de la libertad y de la dignidad han convertido el control de la conducta humana en una ofensa punible, en su mayor parte por considerar al controlador, responsable de los resultados aversivos. Quien controla sólo puede eludir la responsabilidad en el caso de que pueda sostener la postura de que el individuo mismo es el que se controla. El maestro que elogia al estudiante aventajado, puede también reprochar al rezagado. El padre que elogia al niño por sus aciertos, puede también echarle en cara sus equivocaciones. Ni el maestro ni el padre pueden ser considerados responsables.

Las fuentes genéticas de la conducta humana resultan de especial utilidad cuando exoneramos. En el supuesto de que una raza fuese menos inteligente que otra, al maestro no se le podría recriminar que no enseñase igual de bien a las dos. Si algunos hombres nacen criminales, las leyes serán siempre quebrantadas por muy eficaz que sea la acción policial. Si los hombres se enzarzan en guerras, porque son por naturaleza agresivos, no tenemos por qué avergonzarnos de nuestros fracasos en defensa de la paz. El interés por la exoneración queda explicito en nuestra tendencia a recurrir a la dotación genética para justificar efectos negativos, lo que no hacemos al explicar logros positivos. No hay por qué elogiar, o condenar, a cuantos intentan modificar conducta humana, cuando concurren consecuencias que pueden ser razonablemente atribuidas a cualidades genéticas; si alguna responsabilidad tienen, será en todo caso en relación con el futuro de la especie. La práctica de atribuir la conducta a la dotación genética —de la especie en su conjunto, o de alguna parte de ella, como una etnia o familia— puede llegar a afectar a las prácticas de reproducción, y eventualmente a otros procedimientos para cambiar tal dotación. Y el individuo contemporáneo puede ser responsabilizado en cierto sentido por las consecuencias de sus actos o de sus omisiones, pero esas consecuencias son remotas y plantean un problema de muy diferente tipo, al que más adelante volveremos.

Quienes parecen quedar siempre en posición segura son todos aquellos que usan del castigo. Cualquiera aprueba la supresión de la mala conducta, menos el que se comporta mal. Si quienes son castigados no hacen, a pesar de ello, el bien, la culpa no es entonces de quien les castiga. Pero la exoneración no es completa. Aun aquellos que hacen el bien pueden tardar mucho tiempo en descubrir qué deben hacer, y puede que nunca lleguen a hacerlo enteramente bien. Pierden un tiempo precioso, a tientas y a ciegas, con hechos irrelevantes, o luchando inútilmente con el diablo, siempre enredados innecesariamente en un forcejeo de ensayo-y-error. Más aún, el castigo produce dolor, y nadie permanece totalmente intacto o escapa por completo cuando ese dolor afecta a otros. Quien castiga, por consiguiente, no escapa por completo a la crítica, y puede que "justifique" su acción indicando ciertas consecuencias del castigo que quizá compensen sus factores aversivos.

Sería absurdo incluir los escritos de Joseph de Maistre en la literatura de la libertad y la dignidad, puesto que se opuso tenazmente a sus principios fundamentales, sobre todo a los que expresan los escritores de la Ilustración. Sin embargo, al oponerse a alternativas eficaces al castigo, sobre la base de que sólo el castigo hace al individuo libre para decidir comportarse bien, esas literaturas mencionadas han creado la necesidad de un cierto tipo de justificación, de la cual de Maistre fue un verdadero maestro. Transcribimos su defensa del más horrible quizás de los profesionales del castigo: el torturador y verdugo.

> "Suena una señal sombría: un abyecto ministro de la justicia viene a llamar a su puerta y le hace saber que se reclama su presencia. Sale; llega a la plaza pública abarrotada de una turba ansiosa y excitada. Se le entrega al prisionero o al asesino o al blasfemo. Se apodera de él, le extiende sobre una cruz horizontal y le sujeta fuertemente a ella; eleva su brazo y un horrible silencio se abate sobre la multitud. No se oye nada, excepto el crujir de los huesos bajo la pesada madera y los alaridos de la víctima. Entonces le desata y le conduce a la rueda de tortura; los miembros descoyuntados son retorcidos en la rueda; la cabeza cuelga exánime; los cabellos se erizan; y de la boca, rígidamente entreabierta como el hueco de un fogón, salen ahora solamente unas pocas palabras sangrientas que a intervalos suplican la muerte. Ahora el verdugo ha terminado; su corazón late, pero de alegría; se aplaude a sí mismo, se dice interiormente: "¡Nadie te supera en la rueda!" Baja del patíbulo y alarga su ensangrentada mano. Y la Ley le arroja, a una cierta distancia, algunas monedas de oro que él se lleva consigo a través de una doble fila de gente que se aparta con horror. Se sienta a la mesa y come; luego se mete en la cama y duerme tranquilamente. Cuando se despierta a la mañana siguiente piensa en algo completamente diferente del trabajo realizado la víspera... Toda grandeza, todo poder, toda disciplina, descansan en el verdugo. Es el horror

de la comunidad humana y lo que la mantiene unida. Eliminad del mundo este agente incomprensible, y al punto el caos sustituirá al orden, los tronos caerán, y la sociedad desaparecerá. Dios, que es la fuente de toda soberanía es, por consiguiente, también, la fuente de todo castigo[8]".

Si en nuestro mundo, que llamamos civilizado, ya no se recurre a la tortura, sin embargo, si que hacemos todavía un amplio uso de técnicas punitivas, tanto en casa como en nuestras relaciones con el mundo exterior. Y, aparentemente, tenemos buenas razones para ello. La naturaleza, si no Dios, ha creado al hombre de tal modo que éste puede ser controlado punitivamente. Las personas se convierten rápidamente en consumados agentes de castigo (y, como consecuencia, quizá también en consumados agentes de control), mientras que las medidas de tipo positivo alternativas al castigo, no se aprenden con facilidad. La necesidad de castigos parece quedar corroborada por la historia, y las prácticas alternativas, que se ofrecen en sustitución de las anteriores, parecen amenazar los tan queridos valores de libertad y dignidad. Y así, seguimos castigando —y defendiendo el castigo, justificándolo—. Un de Maistre actual podría defender la guerra en términos muy parecidos: "Toda grandeza, todo poder y toda disciplina, descansan en el soldado. Él es el horror de la comunidad humana y lo que la mantiene unida. Eliminad del mundo este agente incomprensible, y al punto el caos sustituirá al orden, los gobiernos se derrumbarán, y la sociedad desaparecerá. Dios, que es la fuente de toda soberanía es, por consiguiente, también, la fuente de todas las guerras".

Sin embargo, lo cierto es que existen mejores procedimientos, aunque las literaturas de la dignidad y de la libertad no nos los sugieran.

*

Excepto cuando queda limitada físicamente, la persona se siente menos libre o dignificada cuando actúa bajo amenazas de castigo. Se podría esperar que la literatura de la libertad y la dignidad se opusieran a técnicas punitivas, pero, de hecho, actúan de manera tal que las preservan. No por el hecho de haber sido castigada, la persona estará menos inclinada a comportarse de esta o de aquella forma. En el mejor de los casos, aprenderá a evitar el castigo. Algunas de estas precauciones aparecen claras en los llamados "dinamismos freudianos", por ejemplo, en personas con trastornos adaptativos o de ansiedad. Otros procedimientos pueden ser los de evitar situaciones en las cuales es probable que se produzcan conductas punibles y hacer cosas que sean incompatibles con la conducta castigada. Algunos individuos pueden adoptar medidas similares para reducir la probabilidad de que una persona sea castigada, pero la literatura de la libertad y la dignidad se opone a estos procedimientos como conducentes solamente a una bondad automática. Bajo contingencias punitivas, la persona parece ser más libre de comportarse bien, y merecer, por tanto, elogios cuando así lo hace. Las contingencias no punitivas originan la misma conducta, pero no puede decirse que la persona sea libre, y son entonces esas contingencias las que se hacen acreedoras de elogio cuando la persona se comporta bien. Poco o nada le queda entonces al ser autónomo por hacer, y, por tanto, poco o nada por lo que poder ser elogiado. No queda envuelto, de esta forma, en una lucha de tipo moral, y, por consiguiente, no hay posibilidades de que se convierta en un héroe moral o de que sea condecorado con virtudes interiores. Pero nuestro cometido no es fomentar los problemas morales, o construir o demostrar virtudes interiores. Lo que nos proponemos es hacer de la vida algo menos punitivo; y, al conseguirlo, liberar energías y tiempo para actividades más estimulantes y que ahora se consumen en un esfuerzo inútil por evitar el castigo. Hasta cierto punto, las literaturas de la libertad y la dignidad han tenido algo que ver con el lento y desenfocado alivio de aspectos aversivos en el ambiente humano, incluidos los aspectos aversivos utilizados en el control intencional. Pero este objetivo lo han formulado de tal modo que no pueden ahora llegar a aceptar el hecho de que todo control es ejercido por el ambiente. Sólo aceptando esta realidad, dichas literaturas podrían avanzar en el camino de modelar mejores ambientes y no en el de intentar crear mejores personas.

5

Alternativas al castigo

Los campeones de la libertad y la dignidad no se limitan, por supuesto, a la adopción de medidas punitivas. sino que recurren a otras alternativas de forma apocada y tímida. Su polarizada atención por el ser autónomo les aboca solamente a medidas ineficaces, algunas de las cuales vamos a examinar a continuación.

Permisividad

La permisividad total ha sido propuesta como una de las posibles alternativas del castigo. No se debe ejercer control de ninguna clase, y la autonomía del individuo, por consiguiente, permanecerá incuestionada. Si una persona se comporta bien, se debe a una de dos: o es buena por naturaleza o se domina. Quedan garantizadas la libertad y la dignidad. Un hombre libre y virtuoso no necesita gobierno alguno (el gobierno no hace sino corromper), y aun bajo la anarquía será naturalmente bueno y se le admirará por ello. No necesita ninguna ortodoxia religiosa; es piadoso, y se comporta piadosamente sin necesidad de seguir reglas de ninguna clase, quizá con la ayuda directa de la experiencia mística. No necesita incentivos económicos establecidos; es naturalmente trabajador y cambiará parte de lo que gana con otros, en términos correctos, bajo las condiciones naturales de la oferta y la demanda. No necesita de maestros; aprende porque le gusta aprender, y su curiosidad natural es la que le dicta lo que necesita saber. Si la vida se complica en exceso, o si su estatus natural queda alterado por accidente o por la intrusión de posibles controladores, puede que entonces tenga problemas personales, pero encontrará por sí mismo sus propias soluciones sin la dirección de ningún psiquiatra.

Es posible que ciertas prácticas tolerantes tengan muchas ventajas. Por lo pronto, ahorran el trabajo de supervisión y la imposición de sanciones. No provocan contraataques. No exponen a quienes las practican a ser acusados de restringir la libertad o destruir la dignidad. Le exoneran cuando las cosas no van bien. Si los hombres se comportan mal entre sí, en un mundo de excesiva tolerancia, ello se debe a que la naturaleza humana nunca es perfecta. Si luchan unos con otros cuando no hay gobierno, para preservar el orden, es porque tienen instintos agresivos. Si un niño se convierte en delincuente cuando sus padres no han hecho esfuerzo alguno por controlarle, su conducta siempre podrá achacarse a las malas compañías o sus tendencias criminales.

La tolerancia absoluta, con todo, no es una norma de conducta; es más bien la falta de toda norma de conducta, y sus aparentes ventajas son sólo ilusorias. Rehusar todo tipo de control es abandonar ese control no a la misma persona interesada, sino a otros sectores de los ambientes social y no social.

El control como mayéutica

Un método para modificar la conducta sin parecer hacerlo, sin ejercer control aparentemente, queda representado por la metáfora socrática de la comadrona o mayéutica*: una persona ayuda a otra para que ésta dé a luz una conducta determinada. Puesto que la comadrona no juega papel alguno en la concepción, y muy escaso en el parto, la persona que da a luz esa conducta será la que reciba los elogios por ella. Sócrates demostró en la educación el arte del alumbramiento, su mayéutica[1]. Pretendía demostrar cómo a un niño esclavo e iletrado, podía llegar a demostrar el teorema de Pitágoras. El niño asentía a los pasos sucesivos de la prueba, y Sócrates aseguraba que así lo hacía sin que de antemano se le hubiera dicho nada. En otras palabras, que el muchacho "sabía" el teorema en cierto sentido por completo. Sócrates afirmaba entonces que aun el conocimiento ordinario podía deducirse de la misma forma, puesto que el alma conocía la verdad y tan sólo necesitaba que se le demostrara que la sabía. El episodio se cita muy frecuentemente como si fuera pertinente a la práctica educativa moderna.

La metáfora aparece también en las teorías de la psicoterapia. Al paciente no hay que decirle cómo comportarse más eficazmente, ni darle instrucciones para solucionar sus problemas. La solución la lleva él mismo dentro, y lo único que tiene que hacer es alumbrarla con la ayuda del terapeuta-comadrona. Como un autor ha dicho, "Freud compartía con Sócrates tres principios: conócete a ti mismo; virtud es conocimiento; y el método mayéutico, o el arte de ser comadrona, que es, por supuesto, el proceso psicoanalítico[2]". En el terreno religioso, prácticas semejantes quedan asociadas al misticismo: una persona no tiene necesidad de seguir regla alguna, como lo exigiría la ortodoxia. La conducta adecuada surgirá espontáneamente de las fuentes interiores.

* *N. del E.:* del griego "perito en partos" (*μαιευτικός*).

La mayéutica intelectual, terapéutica o moral, no es más fácil que el control punitivo, porque exige sutil habilidad y atención concentrada, pero tiene sus ventajas. Parece conferir un poder extraño a quien la práctica. Como el uso cabalístico de alusiones e insinuaciones, alcanza resultados aparentemente desproporcionados con las medidas empleadas. Sin embargo, la aparente contribución del individuo no se reduce. Se le elogia sin reservas por conocer antes de aprender, por tener en su interior las semillas de una buena salud mental, y por ser capaz de entrar en comunicación directa con Dios. Una ventaja importante estriba en el hecho de que quien la practica elude toda la responsabilidad. Del mismo modo que la comadrona no tiene la culpa si el niño nace muerto o deformado, de igual modo el maestro queda a salvo, aunque el alumno fracase, el psicoterapeuta cuando el paciente no soluciona su problema, y el líder místico religioso cuando sus discípulos acaban descarriados.

Las prácticas mayéuticas tienen su sentido. Una cuestión delicada que se plantea en ellas es conocer cuánta ayuda debe proporcionar el maestro al discípulo, conforme éste va adquiriendo formas nuevas de conducta, El maestro debería esperar la respuesta del estudiante más bien que apresurarse a decirle lo que debe hacer o decir. Como dijo Comenius, cuanto más enseña el maestro, menos aprende el discípulo. El estudiante avanza de otra forma. En general se puede decir que no nos gusta que se nos enseñe lo que ya sabemos, ni aquello que en cualquier caso no hemos de llegar a dominar o que maldita la falta que nos hará. No solemos leer libros, ni cuando dominamos la materia a la que se refieren, ni cuando resulta que tratan temas tan absolutamente desconocidos que, libro más, libro menos, nos quedaremos igual. Leemos los libros que nos enseñan a decir aquello que de cualquier forma estamos a punto de decir, pero que no podríamos llegar a formular sin esa ayuda. Entendemos al autor, por más que no podríamos haber llegado a formular lo que entendemos antes de haberlo visto expresado por ese concreto autor. El paciente de la psicoterapia experimenta ventajas similares. Las prácticas mayéuticas también son útiles porque ejercen más control del que habitualmente es observado, y en parte esta puede ser valioso.

Estas ventajas, sin embargo, son mucho menores de lo que se dice. El pequeño esclavo de Sócrates no aprendió nada; no existió evidencia alguna de que el muchacho hubiera podido, más tarde, adentrarse en el teorema por sí mismo. Y tan cierto es con respecto a la mayéutica como con respecto a la tolerancia absoluta: sus resultados positivos pueden ser atribuidos, sin duda, a controles desconocidos de otra clase. Si un paciente encuentra una solución sin la ayuda de su terapeuta quizá se deba, sencillamente, a que ha quedado expuesto a un ambiente propicio en algún otro sitio.

Dirección

Otra metáfora que se suele vincular a prácticas débiles está tomada de la horticultura. La conducta que una persona da a luz, crece, y se puede guiar o dirigir, como se guía el crecimiento de una planta. La conducta puede "cultivarse".

La metáfora es particularmente popular en el terreno educativo. Una escuela para niños pequeños es denominada "jardín" de infancia o *kindergarten*. La conducta de la criatura "se desarrolla" hasta que alcanza su "madurez". Un maestro puede acelerar el proceso o dirigirlo hacia metas ligeramente diversas, pero —según la frase clásica— él no puede enseñar, se limita solamente a ayudar al niño a que aprenda por sí mismo. También es frecuente en psicoterapia la metáfora de la dirección. Freud sostenía que una persona debe atravesar diversas etapas de desarrollo, y que, si el paciente llega a "fijarse" en una determinada etapa, el psicoterapeuta deberá entonces ayudarle a que se libere de esa "fijación" y continúe avanzando. Los gobiernos utilizan este género de guía o dirección, por ejemplo, cuando estimulan el "desarrollo" de la industria mediante exenciones fiscales o proporcionan un "clima" que resulte favorable para la mejora de las relaciones raciales.

Esta dirección o guía no resulta tan fácil de aplicar como la tolerancia absoluta, pero normalmente es más fácil que el recurso al procedimiento mayéutico, y tiene algunas de sus mismas ventajas. Quien meramente guía o dirige un desarrollo natural difícilmente podrá ser acusado de intentar controlarlo. El crecimiento permanece siendo una conquista del individuo, atestiguando su libertad y su valor, sus "ocultas inclinaciones", y así como el jardinero no es responsable en última instancia del desarrollo posterior imprevisible de lo que ha plantado y hecho crecer, quien meramente guía una conducta determinada es exonerado cuando las cosas terminan mal.

La dirección, sin embargo, sólo es efectiva en la medida en que ejercita el control. Dirigir significa, bien abrir nuevas oportunidades, bien cerrar el paso al crecimiento en determinadas direcciones. Preparar una oportunidad no suele ser particularmente positivo, pero es, con todo, una forma de control cuando aumenta la posibilidad de que la conducta se produzca en esa determinada dirección apetecida. El maestro que simplemente selecciona el material que el estudiante habrá de estudiar, o el psicoterapeuta que meramente sugiere un cambio de trabajo o de ambiente, ejercen control, por muy difícil de detectar que éste sea.

El control es más obvio cuando el crecimiento o el desarrollo son impedidos. La censura cierra el paso, e impide llegar a ciertos materiales necesarios para el desarrollo en una determinada dirección. De Tocqueville observó esta realidad en la América de su tiempo: "La voluntad del hombre no se espolea, sino que se suaviza, se doblega y se dirige. Rara vez se fuerza a las personas... a actuar, pero constantemente están siendo constreñidas para no actuar[3]". Como expresó Ralph Barton Perry, "cualquiera que decida qué alternativas se le darán a conocer al hombre, controla la materia prima de entre la cual ese hombre elegirá. Se le priva de la libertad en la medida en que se le niega el acceso a cualquier idea, o se le confina a cualquier gama determinada de ideas que no abarquen la totalidad de posibilidades relevantes[4]". Donde dice "se le priva de libertad", léase "se le controla".

Es sin duda alguna valioso el crear un ambiente tal en el que la persona adquiera rápidamente conducta efectiva y continúe comportándose eficazmente. En la construcción de tal ambiente podemos eliminar distracciones y abrir nuevas oportunidades, y estos son puntos clave en la metáfora de la dirección o crecimiento o desarrollo. Pero las responsables de los cambios observables son en realidad las contingencias por nosotros previamente preparadas, y no la manifestación o el descubrimiento progresivo de un modelo predeterminado.

Crear dependencia

Jean-Jacques Rousseau estuvo alerta a los peligros del control social y pensó que sería posible evitarlo convirtiendo a la persona en un ser dependiente no de otras personas, sino de las cosas. En el Emilio expuso cómo un niño podía aprender acerca de las cosas a partir de las mismas cosas, no a través de los libros. Las prácticas que él describió son todavía frecuentes, principalmente a causa del énfasis que John Dewey puso en la vida real dentro de las aulas.

Una de las ventajas de depender de las cosas, y no de otras personas, estriba en el hecho de que de esta forma se ahorran tiempo y energía de esas otras personas. El niño, a quien hay que advertirle constantemente que ya es hora de ir al colegio, depende de sus padres; pero aquel que ha aprendido a responder a relojes o a otras propiedades temporales del mundo que le rodea (aunque no a un "sentido del tiempo"), depende ya de cosas, y exige menos de sus padres. La persona que aprende a conducir un coche sigue dependiendo del instructor mientras necesita que se le diga cuándo utilizar los frenos, cuándo darle al intermitente, cuándo cambiar de velocidad, etc.; pero cuando su conducta cae ya bajo el control natural de las consecuencias de conducir un automóvil, puede prescindir del instructor. Entre esas "cosas", de las cuales la persona podría depender, hay que contar a otras personas, siempre que éstas no actúen específicamente para cambiar su conducta. El niño a quien se le debe enseñar lo que debe decir y cómo comportarse con respecto a otras personas, depende de aquellos que le enseñan; pero el niño que ya ha aprendido a comportarse con los demás puede entonces prescindir de los consejos.

Otra ventaja importante de depender de cosas consiste en que las contingencias que rodean a las cosas son más precisas y modelan una conducta más útil que aquellas contingencias provocadas por otras personas. Las propiedades temporales del ambiente resultan más penetrantes y sutiles que cualquier otro género de recordatorios. Una persona cuya conducta al conducir un coche queda determinada por la respuesta mecánica del coche mismo, conducirá mucho más hábilmente que aquel que sigue instrucciones, sean éstas orales o mentales. Y aquellos que se llevan bien con la gente, como consecuencia de su contacto directo con las contingencias sociales, lo hacen mucho mejor que los que meramente siguen un poco formalmente las instrucciones que se les han dado sobre qué decir y qué hacer.

Estas son ventajas importantes, y resulta atractiva la posibilidad de un mundo en el que toda conducta dependa de las cosas. En un mundo tal todos se comportarían bien con respecto a sus semejantes al haber aprendido a hacerlo mediante el contacto directo con la aprobación o desaprobación de cuantos les rodean. Esa persona, en ese mundo, trabajaría provechosa y cuidadosamente, e intercambiaría cosas con otros a causa de sus valores naturales. Y aprendería lo que naturalmente le interesara y lo que le sería naturalmente útil. Todo esto sería mejor que obedecer las leyes bajo la amenaza constante de la policía, que trabajar provechosamente por causa de los reforzadores artificiales denominados "dinero", o estudiar para conseguir notas y calificaciones.

Pero las cosas no consiguen el control con facilidad. Los procedimientos que Rousseau describió no eran simples, y con frecuencia fracasan. Las complejas contingencias que rodean a las cosas (incluidas las personas que se comportan "inintencionadamente") sólo pueden tener, por sí solas, muy poco efecto en el individuo a lo largo de su vida —un hecho éste de gran importancia por las razones que más tarde expondremos—. También hay que recordar que el control ejercido por las cosas puede ser destructivo. El mundo de las cosas puede llegar a ser tiránico. Las contingencias naturales inducen a las personas a comportarse de forma supersticiosa, a exponerse a peligros cada vez mayores, a trabajar inútilmente hasta quedar exhaustos, etc. Sólo el contracontrol ejercido por un ambiente social puede llegar a paliar en cierta medida estas consecuencias.

La dependencia de las cosas no significa independencia. El niño que no necesita que se le advierta que es hora de ir al colegio es porque está ya bajo el control de otros estímulos más sutiles y útiles. El niño que ya ha aprendido cómo llevarse bien con otras personas es porque está bajo el control de contingencias sociales. Y las personas que se llevan bien entre sí, bajo las contingencias suaves de la aprobación y la desaprobación, resultan estar tan controladas, tan eficazmente controladas hay que decir, como los ciudadanos de un Estado policiaco (y, en muchos aspectos, más eficazmente). La ortodoxia controla mediante el establecimiento de reglas, pero el místico no es más libre porque las contingencias que han moldeado su conducta sean más personales o idiosincráticas.

Aquellos que trabajan productivamente por causa del valor reforzador de lo que producen, quedan bajo el sensible y poderoso control de los productos. Aquellos que aprenden en un ambiente natural están bajo una forma de control tan poderoso como cualquier posible control ejercido por un maestro.

Una persona jamás llega a ser verdaderamente auto-suficiente. Aunque se las arregle eficazmente con las cosas, necesariamente depende de aquellos que le han enseñado a hacerlo. Y quienes le han enseñado, han seleccionado las cosas de las cuales depende esa persona, y han determinado también las clases y los grados de esa dependencia. (Y no pueden, por consiguiente, declinar la responsabilidad por los resultados).

Cambio de mentalidad

Resulta sorprendente comprobar que, aquellos que más violentamente se oponen a la manipulación de la conducta, llevan a cabo sin embargo los más vigorosos esfuerzos para manipular mentalidades. Evidentemente, la libertad y la dignidad quedan amenazadas solamente cuando cambia la conducta por medio del cambio físico del ambiente. Pero no parece que se produzca esa amenaza cuando se modifica la mentalidad, o estado de la mente, a pesar de que esa mentalidad se asegura que es la responsable de la conducta. Seguramente sea esto así porque la persona autónoma posee poderes milagrosos que le capacitan para ceder o para resistir.

Afortunadamente, quienes se oponen a la manipulación de la conducta, manipulan mentalidades con absoluta libertad: y decimos que afortunadamente porque, de lo contrario, deberían permanecer en silencio. Pero nadie cambia una mentalidad directamente. Por medio de la manipulación de las contingencias ambientales, se consiguen ciertos cambios que —se asegura— son indicativos de cambios de mentalidad, aunque en realidad, si existe algún efecto, se nota en la conducta. El control no es obvio ni muy efectivo, y un cierto control, por consiguiente, parece que siempre lo conserva la persona cuya mentalidad cambia. Examinemos algunas formas características de cómo se lleva a cabo este cambio de mentalidad.

A veces tratamos de inducir a alguien hacia una conducta determinada instigando por medio de ciertas ayudas (por ejemplo, cuando alguien no es capaz de solucionar por sí mismo un determinado problema); o recomendándole una línea concreta de conducta (por ejemplo, cuando está desconcertado sin saber qué hacer). Las ayudas, pistas y sugerencias son estímulos todos ellos, generalmente verbales —aunque no siempre lo sean—, y tienen la propiedad importante de ejercer un control sólo parcial[5]. Nadie responde o reacciona ante una sugerencia, recomendación o consejo a menos que ya tenga alguna tendencia a comportarse de forma determinada. Cuando las contingencias que explican la tendencia previa no son identificadas, entonces la conducta, hasta cierto punto, se atribuye a la mente. El control interno resulta particularmente convincente cuando el externo no queda explícito, como, por ejemplo, cuando se cuenta una historia aparentemente irrelevante, pero que, sin embargo, actúa como sugerencia, recomendación o consejo. El presentar un ejemplo ejerce un género de control muy similar, aprovechando y explotando una tendencia general a conducirse miméticamente. La técnica publicitaria "controla la mente" de esta manera.

También se diría que actuamos sobre la mente cuando urgimos a una persona a actuar, o le persuadimos para que actúe* . Etimológicamente, urgir quiere decir presionar o empujar hacia; urgir significa convertir en más urgente una situación aversiva. Urgimos a una persona a que actúe como podríamos empujarle suavemente a la acción. Los estímulos son generalmente suaves, pero son eficaces si en el pasado han quedado asociados a consecuencias aversivas más acusadas. Así, por ejemplo, urgimos a un perezoso diciéndole simplemente: "Fíjate qué hora es": y le inducimos con éxito a que se dé prisa, si en ocasiones anteriores sus retrasos han sido castigados. Urgimos a una persona a que no gaste dinero recordándole lo escaso de su cuenta bancaria, y conseguimos la eficacia en el aviso si, de hecho, esa persona, en ocasiones anteriores, lo ha pasado mal por quedarse sin dinero. Persuadimos a la gente, sin embargo, aludiendo a estímulos asociados, por el contrario, con consecuencias positivas. Etimológicamente, esta palabra está relacionada con endulzar o suavizar. Persuadimos a alguien dorándole la píldora, convirtiendo una situación concreta en más favorable para la acción, describiéndole, por ejemplo, consecuencias probablemente reforzantes. También ahora se produce una aparente desproporción entre la fuerza de los estímulos que utilizamos y la magnitud del efecto conseguido. Urgir y persuadir resultan eficaces tan sólo si se da alguna tendencia previa para actuar en esa línea de conducta, y esa conducta se puede atribuir al ser interior sólo en la medida en que la tal tendencia no esté explicada.

Creencias, preferencias, percepciones, necesidades, propósitos y opiniones son también algunas otras de las características peculiares del ser autónomo. También se suele decir que estas peculiaridades cambian cuando conseguimos cambiar la mentalidad de la persona. La herencia de una persona de que el piso por el que camina no se derrumbará bajo sus pies depende de su experiencia pasada. Si lo ha atravesado muchas veces sin contratiempos, así lo hará de nuevo una y otra vez, y su conducta no le proporcionará ninguno de los estímulos aversivos que conocemos con el nombre de ansiedad. Puede que diga que tiene "fe" en la seguridad del piso, o "confianza" de que le sostenga, pero el tipo de

* *N. del T.:* juego de palabras no traducible entre *urge* y *nudge*.

cosas experimentadas como fe o confianza no son, en realidad, estados de la mente; en el mejor de los casos, son tan sólo concomitantes de la conducta en su relación con hechos anteriores, y no explican por qué una persona camina o pisa como lo hace.

Creamos "creencia" cuando aumentamos la probabilidad de acción mediante el reforzamiento de la conducta. Cuando creamos en una persona la confianza de que el piso le sostendrá, induciéndole a que camine sobre él, quizá no pudiéramos asegurar propiamente que estamos cambiando una creencia, pero sí lo hacemos así en el sentido tradicional cuando le damos garantías verbales de que el piso es sólido, o demostramos su solidez paseando nosotros mismos por él, o describimos su estructura y naturaleza, o las características de su construcción. La única diferencia estriba en la diversa obviedad, o claridad, de las medidas adoptadas en uno y otro caso. El cambio experimentado por una persona que "aprende a fiarse del piso" caminando sobre él resulta ser el efecto característico del reforzamiento; el cambio experimentado cuando se le dice que el piso es seguro, cuando ve que alguna otra persona lo atraviesa sin riesgo, o cuando es "convencido" con razones de que el piso le sostendrá sin problema alguno, entonces, en este segundo caso, el cambio depende ya de experiencias pasadas cuya contribución en conseguir ese convencimiento ya no es obvia o manifiesta. Por ejemplo, una persona que camina sobre superficies probablemente de solidez variable (un lago helado, pongamos por caso) muy rápidamente discrimina conscientemente entre las superficies sobre las que otras personas están caminando, y aquellas otras sobre las que no se ve caminar a nadie, o entre superficies llamadas seguras u otras calificadas de peligrosas[6]. Aprende a caminar confiadamente sobre las primeras, y con precauciones sobre las segundas. Ver a alguien que camina sobre una superficie, o el que se le asegure que no encierra peligro alguno, cambia la situación de la persona con respecto a dicha superficie; de aquella segunda clase de seguridad de que hemos hablado se pasa a la primera. El proceso histórico durante el cual se formó aquella discriminación, o en el cual se efectuó, puede que se haya olvidado. Y entonces el efecto parece implicar aquel suceso interior llamado cambio de mentalidad.

Cambios en preferencias, percepciones, necesidades, opiniones y otros atributos de la mente, pueden ser analizados de la misma forma. Cambiamos la forma en que una persona se fija en algo, tanto como lo que ve cuando se fija, cambiando las contingencias; no cambiamos algo llamado percepción. Cambiamos la fuerza relativa de las respuestas por medio del reforzamiento diferencial de distintas posibilidades de acción; pero lo que cambiamos no es algo llamado una "preferencia". Cambiamos la probabilidad de un acto cambiando una condición de privación o estimulación aversiva; no cambiamos una necesidad. Reforzamos la conducta en las direcciones en que nos interesa hacerlo:

pero no proporcionamos a nadie un propósito o una intención. En resumen, cambiamos la conducta hacia algo, no una actitud hacia ello. Seleccionamos e intercambiamos conducta verbal, no opiniones.

Otro procedimiento de cambio de mentalidad consiste en señalar y resaltar las razones por las cuales una persona debería comportarse de un modo determinado. Y estas razones casi siempre son consecuencias que muy probablemente son contingentes sobre la conducta. Diríamos, por ejemplo, que un niño anda jugando de forma peligrosa con un cuchillo. Podemos evitar problemas convirtiendo el ambiente en algo más seguro —quitándole el cuchillo o dándole otro inofensivo, con el que no pueda hacerse daño—. Pero semejante solución no preparará al niño para un mundo en el que los cuchillos normalmente serán peligrosos. Abandonado a su suerte, puede que el niño aprenda adecuadamente el uso del cuchillo, precisamente cortándose cada vez que lo utiliza inadecuadamente. Podemos ayudarle sustituyendo eta forma de castigo por otra menos peligrosa —dándole un cachee, por ejemplo, o quizá simplemente amonestándole cuando observamos que utiliza el cuchillo de modo peligroso—. Podemos decirle que ciertos usos del cuchillo son buenos y otros malos, siempre que los vocablos "¡Bueno!" y "¡Malo!" hayan sido ya condicionados previamente como reforzadores positivo y negativo respectivamente. Supongamos, sin embargo, que todos estos métodos produzcan subproductos indeseados tales como un cambio en las relaciones del niño con nosotros, y que entonces, en vista de ello, decidamos apelar a la "razón". (Por supuesto, esto es posible solamente si el niño ha alcanzado ya "el uso de razón"). Le explicamos las contingencias, demostrándole lo que sucede cuando uno usa un cuchillo de una forma o de otra. Podemos enseñarle cómo las reglas han sido deducidas de las contingencias ("Nunca deberías cortar *con el filo hacia ti*"). Como consecuencia de ello podemos inducir al niño a que use el cuchillo adecuadamente, y con probabilidad diremos que le hemos transmitido el conocimiento para usarlo adecuadamente. Pero la verdad es que hemos tenido que aprovecharnos de gran cantidad de condicionamiento anterior con respecto a instrucciones, directrices y otros estímulos verbales, que fácilmente pasamos por alto al analizar la situación, y, así, la contribución de estos factores puede atribuirse a la persona autónoma. Una forma de argumentación todavía más compleja consiste en derivar nuevas razones de las viejas, proceso de deducción que depende de un proceso verbal histórico mucho más antiguo y prolongado, y que con toda probabilidad también será denominado cambio de mentalidad.

Los métodos de cambio de conducta mediante el cambio de mentalidad rara vez se perdonan cuando resultan claramente eficaces, aun cuando todavía siga siendo la mente la que parezca haber sido cambiada. No justificamos el cambio de mentalidad cuando los interesados, es decir, el agente activo y el pasivo, tienen fuerzas muy desequilibradas: en este caso hablamos de "abuso de influencia". Como tampoco perdonamos los cambios de mentalidad llevados a cabo subrepticiamente. Si la persona no puede ver lo que el hipotético reformador de mentalidades está haciendo, ni puede escapar ni contraatacar, está siendo víctima de la "propaganda". El "lavado de cerebro" queda proscrito por aquellos que justifican, en cambio, los cambios de mentalidad, por la simple razón de que el control es obvio. Una técnica frecuente consiste en crear una condición aversiva muy pronunciada, tales como hambre o falta de sueño, y, aliviándola paulatinamente, reforzar cualquier conducta que muestre "una actitud positiva" hacia un sistema político o religioso. Se construye una "opinión" favorable simplemente mediante el reforzamiento de aseveraciones favorables. El procedimiento puede que no resulte obvio para las presuntas víctimas, pero es obvio en exceso para otras personas, tan obvio que no puede ser aceptado como forma permitida de cambiar mentalidades.

La ilusión de que la libertad y la dignidad quedan a salvo cuando el control parece ser incompleto, procede en parte de la naturaleza probabilística de la conducta operante. Muy rara vez, cualquier condición ambiental "provoca" conducta de la forma todo-o-nada de un reflejo; consigue simplemente que una pequeña porción de conducta ocurra con mayor probabilidad. Una pista, o una sugerencia velada, difícilmente provocará por sí misma una respuesta, pero indudablemente conferirá fuerza a una respuesta débil que pueda entonces aparecer. La sugerencia es visible, pero los restantes aspectos o hechos responsables de la aparición de la respuesta ya no lo son.

Como en el caso de la tolerancia absoluta, la mayéutica, la dirección y la dependencia de las cosas, el cambio de mentalidad lo justifican los defensores de la libertad y la dignidad porque es una forma ineficaz para el cambio de conducta, y, así, quien manipula ese cambio de mentalidades puede, por tanto, eludir la acusación de que controla a las personas. También queda exonerado cuando los resultados son malos. Y la persona autónoma queda incólume para ser elogiada por sus logros y condenada por sus errores.

La aparente libertad, que unas medidas débiles respetan, equivale meramente a un control no manifiesto. Cuando aparentemente cambiamos el control y se lo dejamos a la persona misma, estamos simplemente cambiando un modo de control por otro. Un editorial que trataba sobre el control legal del aborto defendía que "la forma correcta de encararse al problema estribaba en el hecho de permitir al individuo, guiado por su propia conciencia y su inteligencia, tomar una decisión al margen de conceptos y reglas trasnochadas e hipócritas[7]". Lo que aquí se recomienda, en el fondo, no es el paso del consejo legal a la "elección" personal, sino más bien al control previamente ejercido por organizaciones de tipo religioso, ético, gubernamental o educativo. Al individuo se le "permite" decidir el asunto por sí mismo simplemente en el sentido de que actuará en lo sucesivo debido a unas consecuencias a las cuales ya no habrá que añadir por más tiempo el castigo legal.

Un gobierno permisivo es aquel que abandona el control en otras manos distintas de las suyas. Si la gente se comporta bien bajo ese gobierno, ello se debe a que esas personas han sido conducidas bajo un control ético eficaz, o que se encuentran bajo el control de las cosas, o que se les ha inducido por procedimientos educativos, u otros semejantes, a comportarse de forma leal, patriótica o respetuosa de la ley. Sólo en casos en los que se dan esas otras formas de control resulta cierto el axioma de que el mejor gobierno es el que menos gobierna. En la medida en que el gobierno se define como el poder de castigar, la literatura de la libertad ha sido valiosa al promover un cambio hacia otras medidas de control, pero en ningún otro sentido esa literatura puede decirse que haya liberado a los ciudadanos del control gubernamental.

Una economía libre no quiere decir ausencia de control económico, porque ninguna economía es libre, en tanto que los bienes de consumo y el dinero mismo sigan siendo reforzadores. Cuando rehusamos controlar los precios, los salarios y el uso de los recursos naturales, con el fin de no entorpecer la iniciativa privada o individual, abandonamos al individuo al control de contingencias económicas imprevistas. Como tampoco ninguna escuela es "libre". Si el profesor no enseña, los estudiantes sólo aprenderán en la medida en que prevalezcan otras contingencias, quizá menos explícitas, pero no menos eficaces. La psicoterapia no directiva puede liberar al paciente de algunas contingencias dañinas en su vida diaria, pero el paciente "encontrará su propia solución" solamente si le inducen a hacerlo contingencias de tipo ético, gubernamental, religioso, educativo o de cualquier otra naturaleza.

(El contacto entre el terapeuta y el paciente es asunto delicado. El terapeuta, no importa en qué grado sea "no directivo", ve a su paciente, habla con él y le escucha. Está interesado profesionalmente por su bienestar. Es comprensivo, se *preocupa* por él. Todo resulta reforzador. Se ha sugerido, sin embargo, que el terapeuta puede evitar el cambio de conducta de su paciente si convierte estos reforzadores en no contingentes —es decir, si no les permite que sigan a alguna forma determinada de conducta—. Como un autor ha expresado, "la reacción del terapeuta es la de una persona congruente, con comprensión delicada y solicitud incondicional que, en términos de teoría del aprendizaje, premia al cliente tanto por una conducta como por cualquier otra". Esto resulta probablemente un cometido inalcanzable, y en todo caso nunca llegaría a tener los efectos que se le adjudican. Los reforzadores no contingentes no son ineficaces; un reforzador siempre refuerza algo. Cuando un terapeuta manifiesta su preocupación, está reforzando por ese mismo hecho la conducta que el paciente acaba de realizar. Un reforzador, por accidental que pueda ser, fortalece la conducta, la cual tiene entonces más probabilidad de volver a ocurrir y ser reforzada de nuevo. La "superstición" resultante puede demostrarse en palomas, y parece improbable que los seres humanos sean menos sensibles a este tipo de reforzador ocasional. Ser bueno con otro sin razón alguna para ello, tratar afectuosamente a toda persona, sea ésta buena o mala, tiene antecedentes bíblicos que lo justifican: la gracia no debe depender de las obras, pues, de lo contrario, deja de ser gracia*. Pero existen procesos conductuales que se deben tener en cuenta).

El error fundamental de cuantos adoptan métodos débiles de control consiste en suponer que el balance del control queda en manos del individuo, cuando en realidad queda, por el contrario, en manos de otras condiciones. Esas otras condiciones resultan con frecuencia difíciles de detectar, pero continuar descuidándolas para atribuir sus efectos al ser autónomo es mantenerse al borde del desastre. Cuando las prácticas de control quedan ocultas o camufladas, es más difícil el contracontrol. No queda claro de quién debe uno escapar o a quién se debe atacar. Las literaturas de la libertad y la dignidad constituyeron en su momento brillantes ejercicios de contracontrol, pero las medidas que proponían ya no son apropiadas por más tiempo. Por el contrario, pueden tener muy serias consecuencias a las que debemos ahora prestar atención.

*

La libertad y la dignidad del ser autónomo parecen quedar a salvo cuando se aplican solamente formas débiles de control no aversivo. Aquellos que las utilizan se diría que tratan de defenderse a sí mismos contra la acusación de que intentan controlar la conducta, y quedan exonerados de toda responsabilidad cuando las cosas salen mal, La tolerancia absoluta es la ausencia de control, y por más que parezca conducir a resultados deseables, éstos se producen por causa de otras contingencias. La mayéutica parece dejar el mérito de la conducta a aquellos que la dan a luz, y la dirección del desarrollo a quienes se desarrollan. La intervención humana parece que se minimiza cuando a una persona se le hace depender de las cosas y no de otras personas. Los defensores de la libertad y la dignidad no sólo justifican, sino que practican intensamente diversas formas de cambiar la

* *N. del. T.:* entiéndase que las expresiones latinas *gratia* y *gratis* tienen un origen etimológico común.

conducta cambiando la mentalidad. Mucho se puede decir en favor de una disminución del control mental ejercido por otras personas, pero aun así continúan operando otros factores. Una persona que reacciona de modo aceptable ante formas débiles de control puede haber cambiado su conducta por contingencias que ya han dejado de operar. Al negarse a reconocer esas contingencias antiguas, los defensores de la libertad y la dignidad fomentan el abuso de prácticas de control y bloquean el progreso hacia una tecnología de la conducta más eficaz.

6

Valores

Desde un punto de vista que pudiéramos llamar precientífico (sin que la palabra tenga necesariamente sentido peyorativo), la conducta de una persona constituye, al menos hasta cierto punto, un logro propio. Es libre para deliberar, decidir y actuar, posiblemente de modo original, y cuando tiene éxito se le elogia, y se le condena cuando fracasa. Desde un punto de vista científico (sin que la palabra tenga necesariamente sentido meliorativo), la conducta de una persona queda determinada por su dotación genética, cuyos antecedentes pueden detectarse en la historia evolutiva de la especie; y queda igualmente determinada por las circunstancias ambientales a que ese individuo ha estado sometido. Ninguno de los dos puntos de vista puede ser demostrado, pero es consustancial a la investigación científica el que la evidencia debería inclinarse en favor del segundo de ellos. A medida que conocemos mejor los efectos del ambiente, poseemos menos razones para seguir atribuyendo cualquier aspecto de la conducta humana a un agente controlador autónomo. Y ese segundo punto de vista, ya enunciado, muestra una notable ventaja cuando comenzamos a hacer algo con respecto a la conducta. Al ser autónomo no se le cambia fácilmente; de hecho, por definición, en la medida en que es autónomo, resulta igualmente inmutable. Pero sí podemos cambiar el ambiente, y vamos ya aprendiendo a cambiarlo efectivamente. Los medios que usamos para ello proceden de la tecnología física y biológica, pero los utilizamos de un modo peculiar para afectar a la conducta.

Algo echamos de menos en este desplazamiento del control interno al externo. El control interno, seguramente, es ejercido no sólo por el ser autónomo, sino también para el ser autónomo. Pero ¿a quién estará destinada la utilización de una poderosa tecnología de la conducta? ¿Quién la habrá de usar? ¿Con qué fin? Hemos estado afirmando, más o menos explícitamente, que los efectos de una práctica concreta son superiores a los de otra. Pero, ¿con qué fundamento hacemos esta afirmación? ¿Qué es "lo bueno" con respecto a lo cual denominamos "mejor" a otra posibilidad? ¿Podemos acaso definir la felicidad? ¿O el progreso hacia esa felicidad? En verdad, ¿qué es el progreso? ¿Cuál es, para decirlo en una sola palabra, el sentido de la vida, para el individuo o para la especie?

Preguntas de esta naturaleza apuntan más bien al futuro, conciernen, no a los orígenes del ser humano, sino a su destino. Se asegura, por supuesto, que estas preguntas encierran en sí mismas "juicios de valor" —plantear preguntas no con respecto a hechos, sino más bien con respecto a los sentimientos de las personas con relación a esos hechos; no se refieren a lo que el ser humano puede hacer, sino más bien a lo que debería hacer—. Normalmente se da por supuesto que las respuestas a estas preguntas quedan fuera del campo de acción de la ciencia, y los físicos y los biólogos, con frecuencia, se muestran de acuerdo con ello, y con cierta parte de razón, puesto que, efectivamente, sus ciencias respectivas no tienen respuesta para estas preguntas. Los físicos nos dirán cómo podemos construir la bomba atómica, no si debería ser construida o no. La biología nos enseñará a controlar la natalidad y posponer la muerte, no si esto debiese hacerse o no. Las decisiones con respecto a los usos posibles de la ciencia parecen exigir un género de sabiduría que, a los científicos, por alguna razón curiosa, se les niega. Si deben emitir juicios de valor tienen que utilizar únicamente esa sabiduría que como personas comparten con otros.

Pero sería una equivocación que el científico conductual estuviera de acuerdo. Qué siente la persona ante los hechos, o qué significa sentir algo, son preguntas para las que una ciencia de la conducta debería tener respuestas. Un hecho es, sin duda, diferente de lo que siente una persona sobre el mismo, pero incluso esto último es también un hecho. Lo que causa confusión, lo mismo aquí que en cualquier parte, es el recurso a lo que sienten las personas. Un modo más útil de plantear la pregunta es el siguiente: si un análisis científico puede decirnos cómo cambiar la conducta, ¿nos puede decir cuáles son los cambios que debemos realizar? Esta es una pregunta sobre la conducta de aquellos que, de hecho, proponen y llevan a cabo cambios. Las personas actúan para mejorar el mundo y progresar hacia mejores formas de vida por buenas razones, y entre esas razones podemos contar ciertas consecuencias de su conducta, y entre las consecuencias está todo aquello que las personas valoran y califican como bueno.

Podemos comenzar con algunos ejemplos sencillos. Hay cosas que casi todo el mundo llama buenas. Hay cosas que tienen buen sabor, que hacen nos sintamos bien, que tienen buen aspecto. Decimos esto tan espontáneamente como aseguramos que algo está dulce, que tiene un tacto duro, o que parece rojo. ¿Hay, por tanto, alguna propiedad física que posean todas las cosas buenas? Casi seguro que no. Ni siquiera existe una sola propiedad común a todo lo que es dulce, duro o rojo. Una superficie gris parece roja si antes hemos estado mirando fijamente otra azul-verdosa. Un papel normal parece suave si lo tocamos después de haber estado tocando papel de lija, o áspero si antes hemos tocado una superficie de cristal. Y el agua mineral sabe dulce si la bebemos después de haber estado comiendo alcachofas. Por tanto, parte de lo que llamamos rojo, o suave, o dulce estará necesariamente en los ojos, las yemas de los dedos o la lengua de quien lo ve, lo toca o lo paladea. Lo que atribuimos a un objeto cuando lo llamamos rojo, duro o dulce, es en parte una condición corporal, resultante (en estos ejemplos concretos) de alguna estimulación reciente. Las condiciones corporales son mucho más importantes, y por una razón diferente, cuando llamamos bueno a algo.

Las cosas buenas son reforzadores positivos[1]. La comida sabrosa refuerza nuestra conducta cuando la probamos. Las cosas de tacto suave nos refuerzan cuando las tocamos. Las cosas de agradable aspecto nos refuerzan cuando las observamos. Cuando decimos coloquialmente que "buscamos" tales cosas, identificamos una clase de conducta que frecuentemente queda reforzada por ellas. (Tampoco las cosas que llamamos malas tienen propiedad común alguna. Todas ellas son reforzadores negativos, y nuestra conducta queda reforzada cuando escapamos de ellas o las evitamos).

Cuando decimos que un juicio de valor no es un problema de hechos, sino de lo que alguien siente sobre un hecho, distinguimos simplemente entre una cosa y su efecto reforzante. La física y la biología estudian las cosas en sí mismas, normalmente sin referencia alguna a su valor, pero los efectos reforzantes de las cosas son patrimonio de la ciencia de la conducta que es, en verdad, una ciencia de valores, en la medida en que se ocupa del reforzamiento operante.

Las cosas son buenas (positivamente reforzantes) o malas (negativamente reforzantes) probablemente a causa de las contingencias de supervivencia bajo las que la especie ha evolucionado[2]. Hay un obvio valor de supervivencia en el hecho de que ciertos alimentos sean reforzantes; ello nos ha hecho aprender a encontrarlos, cultivarlos o conseguirlos con más rapidez. Es también importante la susceptibilidad ante reforzantes negativos; aquellos que más profundamente han sido reforzados, al escapar o evitar condiciones potencialmente peligrosas, gozan de ventajas obvias. Como resultado, forma parte de la carga genética denominada "naturaleza humana" el ser reforzado de forma particular por cosas particulares. (También forma parte de tal patrimonio el que nuevos estímulos se conviertan en reforzantes por medio del condicionamiento "respondiente" —que la vista del fruto, por ejemplo, sea reforzante, si después de haberlo visto nos lo comemos y lo encontramos bueno—. La posibilidad del condicionamiento respondiente no afecta al hecho de que todo reforzador, eventualmente, derive su poder de la selección evolutiva).

Emitir juicios de valor llamando a las cosas buenas o malas significa clasificarlas desde el punto de vista de sus efectos reforzadores. La clasificación es importante, como comprobaremos muy pronto, cuando las demás personas comienzan también a utilizar reforzadores (cuando, por ejemplo, las respuestas verbales "¡Bien!" o "¡Mal!" comienzan a actuar como reforzadores), pero en realidad las cosas poseían capacidad de reforzar mucho antes de que comenzaran a ser calificadas de buenas o malas —y lo siguen siendo cuando se dirigen a animales, que no las llaman buenas o malas, o a niños u otras personas que no son capaces de hacerlo tampoco—. El efecto reforzador es lo importante, pero ¿es exactamente esto lo que significa "la forma de sentir de las personas ante las cosas"? ¿No resultará algo reforzante precisamente porque *nos hace sentir* bien o mal?

Se dice que los sentimientos forman parte del bagaje del ser autónomo, y esto debemos comentarlo ahora adecuadamente. Una persona experimenta ciertas cosas en el interior de su cuerpo tanto como en el exterior. Siente dolor muscular del mismo modo que siente un bofetón en la mejilla, se siente deprimido igual que siente el aire frío. Dos diferencias importantes surgen como consecuencia de la diversa localización. En primer lugar, puede sentir las cosas exteriores en un sentido activo: toca una superficie, deslizando sus dedos sobre ella, para incrementar la estimulación recibida; pero, aunque existen formas de "aumentar su consciencia" de las sensaciones internas, no las siente activamente, sin embargo, de la misma forma[3].

Una diferencia más importante estriba en la forma en que una persona aprende a sentir las cosas. Un niño aprende a distinguir diferentes colores, tonos, olores, gustos, temperaturas, etc., sólo cuando éstos forman parte de las contingencias de reforzamiento. Si los caramelos rojos tienen un sabor reforzante y los verdes no, el niño toma y saborea los caramelos rojos. Algunas contingencias importantes son verbales. Los padres enseñan al niño a nombrar los colores reforzando las respuestas correctas. Si el niño dice "azul" y el objeto en cuestión es azul, el padre dice "¡Bien!" o "¡Correcto!". Si el objeto es rojo, el padre dice "¡Mal!". Esto no es posible cuando el niño está aprendiendo a responder a sensaciones que se dan bajo la piel. Una persona que enseña al niño a distinguir sus sentimientos, se parece a un daltónico que pretendiera enseñar, también a un niño, a nombrar los colores. El maestro no puede estar seguro de la presencia o ausencia de la condición que determina el que una respuesta deba ser reforzada o no.

En general, la comunicación verbal no puede preparar las sutiles contingencias necesarias para enseñar distinciones matizadas entre estímulos que son inaccesibles a ella. Debe siempre basarse en la evidencia visible de la presencia o ausencia de una condición privada. El padre puede enseñar al niño a decir "tengo hambre" no porque él experimente lo que el niño está experimentando, sino porque le ve comer ávidamente, comportarse de alguna otra forma relacionada con la falta de alimento o que sea reforzada con comida. Quizá la evidencia sea buena, y el niño pueda aprender a "describir sus sentimientos" con cierta exactitud, pero en modo alguno es siempre éste el caso, porque muchos sentimientos tienen manifestaciones conductuales imperceptibles. Como consecuencia de ello, el lenguaje de las emociones es impreciso, Tenemos tendencia a describir nuestras emociones con una serie de términos que en realidad se han aprendido en conexión con otras cosas; casi todas las palabras que utilizamos fueron originalmente metáforas.

Podemos enseñarle a un niño a llamar a las cosas "buenas" reforzándole de acuerdo a como saben, parecen o nos afectan a nosotros, pero no siempre las mismas cosas parecen buenas a todo el mundo, y hay que pensar que también podemos estar equivocados. La única evidencia disponible procede de la conducta del niño. Si le damos a un niño un alimento que nunca ha probado con anterioridad, y comienza éste a comerlo con avidez, obviamente la primera impresión que su paladar recibe ha sido reforzante, y entonces podemos decirle que ese alimento es bueno y estar de acuerdo con el niño cuando éste lo llame bueno. Pero el sabor no es la única estimulación que recibe el niño. Experimenta otros efectos, y más tarde denominará buenas otras cosas que tengan los mismos efectos, aun cuando el comer con avidez no se encuentre entre ellos.

No se da conexión causal importante entre el efecto reforzante de un estímulo y los sentimientos a que éste da origen. Podríamos estar tentados a decir, siguiendo a William James en su reinterpretación de la emoción, que un estímulo no es reforzante porque parezca bueno, sino que parece bueno porque es reforzante. Pero también ahora los "por qués" conducen a una mala interpretación. Los estímulos son reforzantes y producen condiciones que se experimentan como buenas por una única razón, que debe ser descubierta en una historia evolutiva.

Aun como inicio, lo importante no es el sentimiento sino la cosa sentida. Es el cristal el que se siente como suave, no un "sentimiento de suavidad". Es el reforzador el que se experimenta como bueno, no el sentimiento de bondad. El ser humano ha generalizado los sentimientos hacia las cosas humanas y las ha llamado placer, y a la experiencia de las cosas malas la ha llamado dolor, pero no proporcionamos a otras personas placer o dolor, sino cosas que se experimentan por parte del individuo como placenteras o dolorosas. Las personas no trabajan para aumentar al máximo el placer y disminuir al mínimo el dolor, como sostienen los hedonistas; se esfuerzan por producir cosas placenteras y por evitar las dolorosas. Epicuro no tuvo toda la razón: el placer no es el bien último, ni el dolor es el mal último; las únicas cosas buenas son los reforzadores positivos, y las únicas malas los reforzadores negativos. Lo que se pretende aumentar o disminuir, o lo que, en última instancia, es bueno o malo, son cosas, no sentimientos, y los hombres se afanan por conseguirlas o evitarlas, no debido a la forma en que las sienten, sino porque son reforzadores positivos o negativos. (Cuando denominamos algo como placentero, puede que estemos expresando un sentimiento, pero el sentimiento es un subproducto del hecho de que una cosa agradable es, de modo bastante literal, una cosa reforzante. Hablamos de gratificación sensorial como si se tratara de un sentimiento, pero gratificar es reforzar, y la gratitud se refiere al reforzamiento recíproco. Llamamos satisfactorio a un reforzador, como si estuviéramos expresando un sentimiento; pero la palabra se refiere literalmente a un cambio en el estado de privación que convierte a un objeto en reforzador. Quedar satisfecho es quedar saciado).

Algunos de los bienes simples que actúan como reforzadores nos vienen de otras personas. A veces las personas se calientan o se sienten seguras manteniéndose juntas; se refuerzan sexualmente unas a otras; y comparten, toman prestadas o se roban mutuamente las posesiones. El reforzamiento por parte de otra persona, no es necesariamente intencional. Una persona aprende a batir palmas con las manos para atraer la atención de otra, pero esta otra no le presta atención con el fin de inducirle a que repita la señal. Una madre aprende a tranquilizar a un niño inquieto acariciándole, pero el niño no se calla para inducir a la madre a que de nuevo le acaricie. Un hombre aprende a alejar a un enemigo golpeándole, pero el enemigo no desaparece para inducirle a golpear en otra ocasión. En cada uno de estos casos consideramos la acción reforzante como inintencionada. Pasa a ser intencional si el efecto es reforzante. Una persona actúa intencionalmente, como hemos visto, no en el sentido de que tenga una intención previa y luego la lleve a cabo, sino en el sentido de que su conducta ha sido fortalecida por las consecuencias. Un niño que llora hasta que se le acaricia, comienza a llorar intencionadamente. Un entrenador de boxeo puede enseñar a su pupilo a golpearle de una forma determinada actuando como si le doliera el golpe. No es probable que una persona preste atención a otra para inducir a ésta a batir palmas, pero es probable que lo haga intencionadamente si esta forma de llamar la atención de alguien resulta menos aversiva que otra.

Cuando otras personas intencionadamente preparan y mantienen contingencias de reforzamiento, la persona afectada por las contingencias puede decirse que se comporta "en bien de otros". Probablemente las primeras contingencias —y aun ahora las más frecuentes— que generan tal conducta son aversivas. Cualquiera que tenga el poder necesario, puede tratar a otros aversivamente hasta que respondan de tal modo que le refuercen. Los métodos que usan el reforzamiento positivo son más difíciles de aprender y serán con probabilidad menos usados, porque los resultados son, usualmente, diferidos, pero tienen la ventaja de evitar el contraataque. Cuál de estos métodos es usado, depende a menudo del poder de que se disponga: el fuerte amenaza con infringir daño físico, el feo horroriza, el físicamente atractivo refuerza sexualmente y el rico paga. Los reforzadores verbales reciben su fuerza de los reforzadores específicos que los acompañan, y puesto que se utilizan ocasionalmente con reforzadores diferentes, el efecto puede generalizarse. Reforzamos a una persona positivamente diciéndole "¡Bien!" o "¡Correcto!", y negativamente diciéndole "¡Mal!" o "¡Incorrecto!", y estos estímulos verbales resultan eficaces porque han ido acompañados de otros reforzadores.

(Podemos establecer una diferencia entre las dos parejas de palabras. La conducta se denomina buena o mala —y sus implicaciones éticas no son accidentales—, según la manera en que es normalmente reforzada por otros. La conducta usualmente se denomina correcta O incorrecta con respecto a otras contingencias. Hay una forma correcta o incorrecta de hacer algo; una determinada maniobra al conducir un coche es correcta más bien que meramente buena, y otra maniobra será quizás incorrecta mejor que mala. Podemos establecer una distinción similar entre alabanza y reproche, por una parte, y elogio y culpa, por otra. Podemos alabar o reprochar a las personas en general cuando su conducta resulta reforzante para nosotros, positiva o negativamente, sin referencia alguna a los productos de su conducta, pero cuando elogiamos a alguien por algún logro o le echamos la culpa por crear problemas, apuntamos más bien al logro o al problema, y ponemos todo el énfasis en las que son, en verdad, consecuencias de su conducta. Sin embargo, solemos utilizar "¡Bien!" y "¡Correcto!" indistintamente, y la distinción entre alabar y elogiar quizá no siempre merezca la pena hacerla).

El efecto de un reforzador que no se puede atribuir a su valor de supervivencia en el curso de la evolución (el efecto de la heroína, por ejemplo) resulta presumiblemente anómalo. Los reforzadores condicionados puede que parezcan sugerir otras clases de susceptibilidades, pero son eficaces a causa de ciertas circunstancias en la historia previa de una persona. Según Dodds, el griego homérico luchó con inspirado celo, no para conseguir la felicidad sino más bien el aprecio de sus semejantes[4]. La felicidad puede considerarse como representativa de los reforzadores personales que pueden atribuirse al valor de supervivencia; y el aprecio, como uno de los reforzadores condicionados, utilizados para inducir a una persona a comportarse teniendo en cuenta el bien de los demás. Pero todos los reforzadores condicionados derivan su poder de los reforzadores personales (en términos tradicionales, el interés público siempre se basa en el interés privado), y, por tanto, en definitiva, de la historia evolutiva de la especie.

Lo que una persona siente al comportarse en bien de los demás, depende de los reforzadores utilizados. Los sentimientos son subproductos de las contingencias y no arrojan nueva luz con respecto a la distinción entre lo público y lo privado. No decimos que los simples reforzadores biológicos son eficaces por causa del egoísmo, y no deberíamos atribuir la conducta en bien de los demás a amor al prójimo. Al trabajar en bien de otros, una persona puede hacerlo por amor O por miedo, por lealtad o por obligación, o por cualquier otra condición originada por las contingencias responsables de esa conducta. Una persona no actúa en bien de otros por causa de un sentimiento de pertenencia, ni rehúsa actuar por causa de sentimientos de alienación. Su conducta depende del control ejercido por el ambiente social.

Cuando a una persona se le induce a actuar en bien de otros, podemos preguntarnos si el resultado es justo o adecuado. ¿Son proporcionados los bienes recibidos por ambas partes? Cuando una persona controla aversivamente a otra, no resulta un bien proporcionado; y los reforzadores positivos se pueden usar también de forma tal que las ventajas disten mucho de ser iguales. Nada garantiza, en los procesos conductuales, un tratamiento justo, puesto que la conducta generada por un reforzador depende de las contingencias en las que aparece. En un caso extremo, una persona puede ser reforzada por otras personas bajo un programa tal que le cueste la vida. Supongamos, por ejemplo, que una alimaña (el "monstruo" de la mitología) amenaza a un grupo. Alguien dotado de fuerza especial o gran habilidad, ataca y mata al monstruo. El grupo, liberado de la amenaza, refuerza al héroe con aprobación, alabanza, afecto, celebraciones, estatuas, arcos de triunfo y, naturalmente, la mano de la princesa. Algunas de estas cosas puede que sean inintencionadas, pero resultan sin embargo reforzantes para el héroe. Algunas otras puede que sean efectivamente intencionales —es decir, se refuerza al héroe para que dé buena cuenta de algún otro monstruo—. Lo importante con respecto a tales contingencias estriba en el hecho de que, a mayor grado de amenaza de la que el héroe ha liberado al grupo, mayor grado de estima será el que acompañe a ese héroe que ha aliviado la preocupación de estas personas. El héroe, en consecuencia, emprende hazañas cada vez más arriesgadas y más frecuentes, hasta que pierde la vida en alguna de ellas. Las contingencias no son necesariamente sociales; se localizan también en otras actividades peligrosas, tales como el alpinismo, donde superar el riesgo se convierte en tanto más reforzante cuanto mayor es el riesgo mismo. (El que un proceso conductual debiera así estar equivocado y conducir a la muerte ya no resulta una violación del principio de selección natural más de lo que lo es, por ejemplo, la conducta fototrópica de la mariposa, que tiene valor de supervivencia cuando conduce a la mariposa a la luz del sol pero que resulta mortal cuando la conduce a una llama).

Como hemos comprobado, el problema de lo adecuado o lo justo de la proporción es con frecuencia una simple cuestión de buen gobierno. El problema está en si están siendo utilizados sabiamente los reforzadores. Otras dos palabras por mucho tiempo asociadas a juicios de valor, pero que ya no tienen que ver tan claramente con el buen gobierno, son "podría" y "debería[6]". Las utilizamos para clarificar contingencias no sociales. "Para ir a Boston podrías (deberías) tomar la carretera nacional número 1": ésta es sencillamente una forma de decir: "Si llegar a Boston te resulta reforzante, te resultará reforzante seguir la carretera nacional número 1". Decir que la carretera número l es la forma "correcta" para llegar a Boston no significa emitir juicio ético o moral alguno, sino simplemente hacer una afirmación con respecto al sistema de carreteras. Algo más aproximado a un juicio de valor parecen constituirlo expresiones tales como "Podrías (o deberías) leer *David Copperfield*", que puede traducirse como: "Serás reforzado si lees *David Copperfield*". Es un juicio de valor en la medida en que esta frase implica el hecho de que el libro resultará reforzante. "Podemos explicitar lo que antes afirmábamos de modo implícito mencionando alguna razón de nuestra evidencia: "Si te gustó *Great Expectations*, podrías (deberías) leer *David Copperfield*". Este juicio de valor es cierto en el caso de que sea verdadero, en general, que aquellos que han sido reforzados por la lectura de *Great Expectations* quedan también reforzados por *David Copperfield.*

"Podría" y "debería" comienzan a plantear preguntas más difíciles cuando nos fijamos en las contingencias bajo las que a una persona se le induce a comportarse en bien de otros. "Podrías (deberías) decir la verdad" es un juicio de valor en la medida en que se refiere a contingencias reforzantes. Se podría traducir de la siguiente manera: "Si la aprobación de los demás te refuerza, cuando digas la verdad serás reforzado". El valor lo encontraremos en las contingencias sociales, mantenidas con propósitos de control. Constituye un juicio ético o moral en el sentido de que principios y costumbres se refieren a las prácticas usuales de un grupo.

Este es un campo en el que resulta fácil perder de vista las contingencias. Una persona conduce bien un coche a causa de las contingencias de reforzamiento que han moldeado y mantienen su conducta. La conducta se explica tradicionalmente diciendo que esa persona posee el conocimiento o la habilidad exigidas para conducir un coche, pero el conocimiento y la habilidad deben entonces remitirse a las contingencias que se podrían haber usado para explicar la conducta en primer lugar. No decimos que una persona hace lo que "debería hacer" al conducir un coche debido a algún sentido intenso de justicia. Sin embargo, apelaremos muy probablemente a alguna virtud innata para llegar a explicar por qué una persona se comporta bien con respecto a sus semejantes, aunque en realidad actúa así no porque sus semejantes le hayan provisto de un sentido de responsabilidad u obligación, o de lealtad y respeto por los demás, sino porque se han preparado contingencias sociales eficaces. Las conductas clasificadas como buenas o malas, y correctas o incorrectas, no lo son a causa de la bondad o la maldad, o de un buen o mal carácter, o de un conocimiento de lo que es correcto o incorrecto; se deben a contingencias que implican una gran variedad de reforzadores, incluidos los reforzadores verbales generalizados de "¡Bien!", "¡Mal!", "¡Correcto!", "¡Incorrecto!".

Una vez que ya hemos identificado las contingencias que controlan la conducta llamada buena o mala y correcta o incorrecta, la distinción entre hechos y lo que sienten las personas ante esos hechos resulta ya clara, Qué siente la persona ante los hechos es un subproducto. Lo importante es lo que hacen con ellos, y lo que hacen es un hecho que debe ser entendido mediante el examen de las contingencias relevantes. Karl Popper ha dejado bien sentada una posición tradicional contraria en los siguientes términos:

> "Frente al hecho sociológico de que la mayoría de la gente adopta la norma 'no robarás', resulta todavía posible decidirse a adoptar, bien esta norma, bien la opuesta; y es posible estimular a quienes han adoptado la norma para que se aferren a ella, o convencerles de que la abandonen y persuadirles a adoptar otra. *Es imposible deducir una frase que establezca una norma o una decisión a partir de una frase que establece un hecho*; dicho en otras palabras, es imposible deducir normas o decisiones a partir de hechos[7]".

La conclusión solamente es válida si en verdad resulta "posible adoptar una norma o la contraria". Aquí tenemos al ser autónomo, jugando su papel de máximo inspirador reverencial; pero el que una persona obedezca o no la norma "no robarás" depende de las contingencias que la sostengan, las cuales no deberemos perder de vista.

Podemos citar algunos hechos significativos. Mucho antes de que a nadie se le ocurriera formular la "norma", las personas atacaban a aquellos que les robaban. En un cierto momento el robo comenzó a ser denominado "incorrecto", y como tal fue castigado incluso por aquellos que no habían sido víctimas del robo. Alguna persona para quien estas contingencias resultaban familiares, posiblemente por haber quedado expuesta a ellas, pudo entonces aconsejar a otra persona: "No robes". Si tenía suficiente prestigio o autoridad, en tal caso esta persona no necesitó describir con más pormenores esas contingencias. La forma más enfática "no robarás", como uno de los Diez Mandamientos, sugiere sanciones sobrenaturales. Contingencias sociales relevantes quedan implícitas en la fórmula "no deberías robar", que se podría traducir como "si tiendes a evitar el castigo, evita el robo", o bien "el robo es incorrecto, y la conducta incorrecta es castigada". Tales frases no son más normativas de lo que podría resultar esta otra: "Si el café te desvela cuando quieres dormir, no lo bebas".

Una norma o ley incluye la formulación de contingencias prevalecientes, naturales o sociales. Uno puede seguir una norma u obedecer una ley, simplemente por causa de las contingencias a las cuales se refiere esa norma o esa ley, pero aquellos que formulan las normas o las leyes proporcionan, normalmente, contingencias adicionales. Un obrero de la construcción sigue una regla cuando utiliza el casco protector. Las contingencias naturales, que implican protección contra los objetos que caen de arriba, no son muy eficaces, y la regla, por consiguiente, debe ser impuesta obligatoriamente: aquellos que se nieguen a utilizar el casco serán despedidos. No existe una conexión natural entre llevar un casco y conservar un empleo; la contingencia se mantiene para reforzar las contingencias naturales, menos eficaces, que implican protección de posibles objetos que al caer puedan herir. Una argumentación parecida podríamos hacer con respecto a cualquier regla que implique contingencias sociales, A la larga, las personas se comportan más eficazmente si se les dice la verdad, pero las ventajas son demasiado remotas para que puedan afectar a quien la dice, y hacen falta contingencias adicionales para mantener la conducta. Decir la verdad es denominado, por tanto, bueno. Hacer esto es lo correcto, y mentir es malo e incorrecto. La "norma" resulta ser, de esta manera, simplemente una afirmación de las contingencias[8].

El control intencional "por el bien de los demás" llega a ser más poderoso cuando es ejercido por organizaciones religiosas, políticas, económicas y educativas. Un grupo mantiene cierto género de orden castigando a sus miembros cuando éstos no se comportan bien, pero cuando esta función es adoptada por un gobierno, el castigo corre a cargo de especialistas, quienes tienen a mano formas más poderosas tales como multas, cárcel o muerte. "Bueno" y "malo" se transforman en "legal" e "ilegal" y las contingencias quedan codificadas en leyes que especifican la conducta y las posibles sanciones. Las leyes son útiles para quienes deben obedecerlas porque especifican la conducta que hay que evitar, y son también útiles para quienes las imponen porque especifican la conducta que hay que castigar. El grupo es sustituido por una organización mucho más nítidamente definida (un Estado o nación) cuya autoridad o poder para castigar puede ser señalizada con ceremonias, banderas, música y anécdotas sobre prestigiosos ciudadanos obedientes de las leyes y notorios quebrantadores de ellas.

Una organización religiosa es una forma especial de gobierno bajo la cual "bueno" y "malo" se traducen por "piadoso" y "pecaminoso". Las contingencias que implican reforzamiento positivo o negativo, con frecuencia del más extremado género, son codificadas —por ejemplo, en forma de mandamientos— y mantenidas asimismo por especialistas, normalmente con la ayuda de ceremonias, rituales y anécdotas. De modo semejante, cuando los miembros de un grupo no organizado se intercambian bienes y servicios bajo contingencias informales, una instancia o institución económica delimita los papeles específicos —tales como los de empleado, patrono, comprador y vendedor— y crea tipos especiales de reforzadores, como por ejemplo dinero y crédito. Las contingencias quedan descritas en acuerdos, contratos, etc. De manera semejante, los miembros de un grupo informal aprenden unos de otros, con o sin instrucción intencional, pero la educación organizada emplea especialistas llamados maestros, que operan en lugares especiales llamados escuelas o colegios, disponiendo contingencias que implican reforzadores especiales, tales como calificaciones y diplomas. "Bueno" y "malo" se convierten en "correcto" e "incorrecto", y la conducta que hay que aprender puede codificarse en temarios y exámenes.

Las instituciones organizadas al inducir a las personas a comportarse más eficazmente "en bien de los demás", modifican lo que se siente al hacerlo. Una persona no apoya a su gobierno por lealtad sino porque el gobierno ha creado contingencias adecuadas. Llamamos leal a esa persona, y le enseñamos a considerarse leal, y a que dé cuenta de cualesquiera condiciones especiales que él pueda sentir como "lealtad". Una persona no se adhiere a una religión porque sea devota; se adhiere a ella por causa de las contingencias puestas en juego por la organización religiosa. La llamamos devota y le enseñamos a considerarse devota y a que dé cuenta de cuanto sienta como "devoción". Los conflictos de sentimientos, tales como los temas literarios clásicos de amor frente a deber, o de patriotismo frente a fe, son en realidad conflictos entre contingencias de reforzamiento.

A medida que las contingencias que inducen al individuo a comportarse "por el bien de los demás" se hacen más poderosas, eclipsan a las contingencias que implican reforzadores personales. Tales contingencias pueden ser ahora desafiadas. Desafiadas, por supuesto, metafóricamente en el sentido de conflicto o pugna. Lo que la gente hace realmente en respuesta a un control excesivo o conflictivo puede describirse, no obstante, de forma más explícita. Vimos este patrón en la lucha por la libertad en el capítulo 2. Una persona puede escapar de un gobierno, volviéndose hacia el control informal de un grupo más pequeño o hacia una soledad thoreauniana. Puede convertirse en un apóstata de la religión ortodoxa, recurriendo a las prácticas éticas de un grupo informal o a la reclusión del eremita. Puede escapar del control económico organizado, utilizando en su lugar el intercambio informal de bienes y servicios o adoptando una subsistencia solitaria. Puede abandonar el conocimiento organizado de eruditos y científicos, en favor de la experiencia personal (cambiando el *Wissen* por el *Verstehen**). Otra posibilidad es debilitar o destruir a quienes imponen el control, quizá estableciendo un sistema competidor alternativo.

Estas decisiones van con frecuencia acompañadas de conducta verbal que proporciona apoyo a la acción no verbal e induce a otros a participar en ellas. El mérito o la validez de los reforzadores usados por otras personas y por instancias organizadas pueden ser cuestionados: "¿Por qué tengo que buscar la admiración o evitar la censura de mis semejantes?" "¿Qué puede hacerme realmente mi gobierno —o cualquier otro gobierno?" "¿Puede una iglesia, en verdad, determinar si voy a ser eternamente un condenado o un bienaventurado?" "¿Qué hay de maravilloso en el dinero? ¿Acaso necesito todo lo que puedo comprar?"

* *N. del E.:* literalmente, *conocer* o *comprender*.

"¿Por qué tengo que estudiar lo que consta en el plan de estudios de una Universidad?" En resumen, "¿Por qué debo siempre comportarme "por el bien de otros"?"

Cuando el control ejercido por otras personas es de esta forma eludido o destruido, solamente quedan entonces los reforzadores personales. El individuo atiende a la satisfacción inmediata, posiblemente mediante la adicción a drogas o a actividades sexuales. Si no tiene que esforzarse mucho para encontrar el alimento, un techo que le cobije y una seguridad, generará poca conducta. Y su condición es entonces descrita diciendo que sufre una carencia de valores. Como puso de manifiesto Maslow, esta falta de valores es "descrita en formas varias, como anomia, amoralidad, anhedonia, desarraigo, vacío, desesperanza, carencia de algo en lo que creer o a lo que dedicarse con fervor[8]". Todos estos términos parecen aludir a sentimientos o estados mentales, pero lo que en realidad echamos de menos en situaciones como las aquí descritas es la presencia de reforzadores eficaces. La anomia y la amoralidad se refieren a la falta de los reforzadores pensados para inducir a las personas a observar ciertas reglas. El anhedonia, el desarraigo, la vacuidad y la desesperanza apuntan a la ausencia de reforzadores de todo tipo. Ese "algo en lo que creer y a lo que dedicarse con fervor" puede detectarse en las contingencias planeadas para inducir a las personas a comportarse "en pro del bien de los demás".

La distinción entre sentimientos y contingencias resulta particularmente importante cuando hay que adoptar una acción práctica. Si el individuo efectivamente sufre de algún estado interno que denominamos "carencia de valores", entonces sólo podemos solucionar el problema cambiando este estado, por ejemplo, "reactivando la fuerza moral", "estimulando el poder moral", o bien "fortaleciendo las convicciones morales o el compromiso espiritual". Sin embargo, lo que debemos alterar son las contingencias, tanto si las consideramos responsables de esa conducta defectuosa, como de esos sentimientos que se asegura explican la conducta.

Una propuesta normal consiste en fortalecer los controles originales, eliminando conflictos, utilizando reforzadores más vigorosos y agudizando las contingencias. Si las personas no trabajan, ello no se debe a que sean perezosas o inútiles, sino porque se les pagan sueldos insuficientes, o porque el bienestar o la abundancia han convertido los reforzadores económicos en menos eficaces. Sólo hay que hacer que las cosas buenas de la vida sean convenientemente contingentes en relación con el trabajo productivo. Si los ciudadanos no son respetuosos de la ley, no se debe ello a que sean criminales o facinerosos, sino más bien a que quienes cuidan de que la ley se cumpla lo hacen laxamente; puede solucionarse el problema rehusando la suspensión o acortamiento de las sentencias, incrementando la fuerza policial y aprobando leyes más exigentes. Si los estudiantes no estudian, no se debe a que no tengan interés, sino a que el nivel académico ha descendido, o a que las asignaturas que se siguen explicando han perdido su valor con vistas a una vida satisfactoria. Los estudiantes volverán a buscar activamente una educación si se restaura el prestigio asignado al conocimiento y las habilidades. (Un resultado incidental de todo ello consistirá en que las personas de nuevo se sentirán industriosas, observantes de la ley e interesadas en conseguir educación).

Tales propuestas de vigorizar viejos modos de control son correctamente tachadas de reaccionarias. Puede que la estrategia tenga éxito, pero esto no significará la solución del problema. El control organizado "en beneficio de los demás" continuará compitiendo con los reforzadores personales, y las diversas clases de control organizado entrarán en conflicto unas con otras. La proporción de bienes obtenidos por el controlador y el controlado seguirá siendo incorrecta o injusta. Si el problema estriba simplemente en corregir esa proporción, cualquier acción tendente a convertir en más eficaz ese control significa un movimiento en dirección equivocada, pero cualquier acción que nos conduzca a un completo individualismo o a la liberación absoluta de todo control, también será una medida errónea.

El primer paso hacia la solución del problema consiste en identificar todos los bienes recibidos por el individuo cuando resulta controlado por el bien de los demás. Otras personas ejercen control manipulando los reforzadores personales a los que resulta susceptible el organismo humano, junto con reforzadores condicionados, tales como la alabanza o el reproche, derivados de ellos. Pero existen otras consecuencias que fácilmente pasan desapercibidas porque no se producen inmediatamente. Ya hemos discutido el problema de conseguir que las consecuencias aversivas diferidas sean eficaces. Un problema parecido surge cuando las consecuencias diferidas son positivamente reforzantes. Es lo suficientemente importante como para comentarlo más despacio.

El proceso del condicionamiento operante presumiblemente evolucionó cuando aquellos organismos que quedaron más sensiblemente afectados por las consecuencias de su conducta, fueron más capaces de adaptarse al ambiente y sobrevivir. Solamente las consecuencias bastante inmediatas pudieron ser eficaces. Una razón para que así fuera tiene relación con las "causas finales". La conducta no puede quedar realmente afectada por nada que la siga, pero si una "consecuencia" es inmediata, puede coincidir en parte con la conducta. Una segunda razón se refiere a la relación funcional entre la conducta y sus consecuencias. Las contingencias de supervivencia no pudieron generar un proceso de condicionamiento que tuviera en cuenta cómo la conducta producía sus consecuencias. La única relación útil fue temporal: pudo desarrollarse un proceso en el cual un reforzador fortaleció cualquier conducta a la que siguiera. Pero el proceso tenía importancia solamente si era capaz de fortalecer conducta que efectivamente produjera resultados. De aquí la importancia del hecho de que cualquier cambio que siga estrechamente a una respuesta resulte muy probablemente haber sido producido por ella. Una tercera razón, relacionada con la segunda, pero de carácter más práctico, es que el efecto reforzante de cualquier consecuencia diferida puede ser usurpado, por así decirlo, por una conducta intermedia, que resulta reforzada, aunque ella misma no haya tenido parte en la producción del acontecimiento reforzante.

El proceso del condicionamiento operante está abocado a efectos inmediatos, pero las consecuencias remotas pueden ser importantes, y el individuo avanza si se le puede hacer caer bajo su control. La separación puede ser salvada con una serie de "reforzadores condicionados", de los cuales ya hemos considerado con anterioridad un ejemplo. Una persona que frecuentemente se ha escapado de un aguacero, refugiándose bajo cubierto, eventualmente evita la lluvia actuando antes de que la lluvia caiga. Los estímulos que frecuentemente preceden a la lluvia se convierten en reforzadores negativos (les llamamos señales o amenazas de lluvia). Son más aversivos cuando la persona no está a cubierto, y poniéndose a cubierto escapa de ellos y evita mojarse. La consecuencia eficaz estriba no en el hecho de no mojarse cuando eventualmente llueva, sino en que un estímulo aversivo condicionado queda reducido inmediatamente.

La mediación de una consecuencia remota se puede analizar más fácilmente cuando los reforzadores son positivos. Tomemos, por ejemplo, una pequeña muestra de "paleoconducta" como la conservación del fuego. La práctica de cubrir con ceniza los carbones encendidos, de tal modo que alguno de esos carbones se mantenga encendido a la mañana siguiente para comenzar una nueva fogata, debió de ser muy importante en una época en la que no resultaba fácil comenzar un fuego de ninguna otra forma. ¿Cómo aprendieron nuestros ancestros este recurso? (Por supuesto, no explica nada el decir que alguien "tuvo la idea" de conservar el fuego con este procedimiento, puesto que entonces deberíamos continuar una línea similar para explicar la idea). El carbón encontrado por la mañana todavía incandescente difícilmente pudo reforzar la conducta de abrigarlo entre cenizas la noche anterior, pero esta separación o distancia temporal pudo salvarse mediante una serie de reforzadores condicionados. Es fácil aprender a reavivar un nuevo fuego cuando el viejo aún no está completamente extinguido, y si el fuego parecía estar ya apagado desde hacía algún tiempo sería fácil aprender a escarbar entre las cenizas para llegar a encontrar el rescoldo. Un gran montón de cenizas podría entonces convertirse en un reforzador condicionado —la ocasión ante la cual se puede escarbar y llegar a encontrar rescoldos incandescentes—. El acumular cenizas amontonándolas pudo ser, de esta manera, automáticamente reforzado. El lapso pudo en un principio haber sido muy corto —el fuego se conservaba en cierta condición en la que se le encontraba muy poco tiempo después—, pero conforme este procedimiento de conservar el fuego se generalizó como práctica usual, los aspectos temporales de las contingencias pudieron haber cambiado.

Como todas las referencias a los orígenes de la paleoconducta, ésta es puramente hipotética, pero puede servirnos para explicar algo. Las contingencias bajo las cuales las personas aprendieron a conservar el fuego debieron de ser extremadamente raras. En busca de plausibilidad, debemos recurrir al hecho de que fueron cientos de miles de años a lo largo de los cuales esas contingencias pudieron haberse producido. Pero una vez que la conducta de conservar el fuego total o parcialmente, fue adquirida por una persona, otras la pudieron ya adquirir con mucha más facilidad, y no hubo ya más necesidad de contingencias accidentales.

Una ventaja de ser animal social estriba en el hecho de que la persona no tiene necesidad de descubrirlo todo por sí misma. El padre enseña a su hijo, como el artesano al aprendiz, porque obtienen de esta forma un ayudante útil, pero en el proceso, tanto el niño como el aprendiz adquieren normas útiles de conducta que muy probablemente no habrían adquirido bajo contingencias no sociales. Probablemente nadie planta en la primavera simplemente porque cosecha en otoño. Plantar no sería apto o "razonable" si no existiera conexión alguna con la cosecha, pero se planta en la primavera por causa de contingencias más inmediatas, la mayoría de las cuales vienen dadas por el ambiente social. La cosecha tiene, en el mejor de los casos, el efecto de mantener una serie de reforzadores condicionados.

Un repertorio importante, necesariamente adquirido de otros, es verbal. La conducta verbal surgió, probablemente, bajo contingencias que implicaban interacciones sociales prácticas, pero el individuo que se convierte tanto en parlante como en oyente está en posesión de un repertorio de extraordinario alcance y poder, que puede usar por sí mismo. Aspectos parciales de tal repertorio se refieren al conocimiento de sí mismo y al autocontrol que, como veremos en el capítulo noveno, son productos sociales por más que normalmente sean representados, de forma inadecuada, como intensamente individuales y privados.

Otra ventaja adicional es la siguiente: el individuo es, después de todo, uno de los "otros" que ejercen control y que actúan así en beneficio propio. Las instituciones organizadas se justifican con frecuencia apuntando a ciertos valores generales, El individuo bajo un gobierno disfruta de una cierta dosis de *orden* y *seguridad*. Un sistema económico se justifica a sí mismo destacando la *riqueza* que produce, y un sistema educativo mencionará las *habilidades* que establece y el *conocimiento* que imparte.

Sin un ambiente social, la persona permanece esencialmente salvaje, como esos niños supuestamente criados por lobos o que han sido capaces de valerse por sí mismos desde muy temprana edad en un clima benigno. Una persona que haya permanecido aislada desde su nacimiento carecerá de toda conducta verbal, no será consciente de sí misma como persona, no poseerá técnicas de autocontrol, y con respecto al mundo que le rodea, tan sólo conseguirá esas escasas habilidades que se pueden llegar a adquirir en un período de vida corto al contacto de contingencias no sociales. En el infierno de Dante, este tipo de persona sufrirá las torturas especiales para aquellos que "vivieron sin reproche y sin elogio", como los "Ángeles que existieron... para sí mismos". Ser para uno mismo es no ser casi nada[10].

Esos grandes individualistas, a los que con frecuencia se cita para demostrar el valor de la libertad personal, debieron su éxito a contextos sociales anteriores. El individualismo involuntario de un Henry Thoreau, expresan deudas evidentes con la sociedad. Si Crusoe hubiera llegado a la isla siendo niño, o si Thoreau hubiera crecido abandonado en las playas de Walden Pond, la historia de sus vidas hubiera sido muy diferente. Todos debemos comenzar como niños, y ningún grado de autodeterminación, de autosuficiencia o de autoconfianza nos convertirán en individuos en ningún sentido que vaya más allá de miembros individuales de la especie humana. El gran principio de Rousseau —el de que "la naturaleza ha hecho al hombre feliz y bueno, pero que la sociedad le pervierte y le hace desgraciado" — es una equivocación. Y resulta irónico el hecho de que, quejándose de que su libro Emilio fuera tan mal entendido, Rousseau lo describiera como un "tratado sobre la bondad original del hombre con la intención de demostrar cómo el vicio y el error, ajenos a su naturaleza, se van introduciendo en su interior desde fuera, e insensiblemente la cambian": y decimos que resulta irónico porque el libro, en realidad, es uno de los grandes tratados prácticos acerca de cómo la conducta humana puede ser modificada[11].

Aun aquellos que pasan por revolucionarios son casi completamente el producto convencional de los sistemas que ellos destruyen. Hablan la lengua que la sociedad les ha proporcionado, usan su lógica y su ciencia, observan muchos de sus principios éticos y legales, utilizan los recursos prácticos y el conocimiento que esa misma sociedad les ha proporcionado. Una pequeña dosis de su conducta puede que sea excepcional, posiblemente dramáticamente excepcional, y tendremos que encontrar razones excepcionales que explicarán su trayectoria personal. (Atribuir sus contribuciones originales a su milagroso carácter de seres autónomos, por supuesto, no es explicación de ninguna clase).

Estos son, por tanto, algunos de los logros que se deben atribuir al control ejercido por otros, además de los elementos utilizados en tal control. Las conquistas o logros más remotos son importantes a la hora de llevar a cabo cualquier evaluación de la justicia o equidad del intercambio entre el individuo y su ambiente social. No alcanzaremos ningún equilibrio razonable en esa relación mientras esas conquistas remotas sigan siendo descuidadas en el contexto de un completo individualismo o libertarismo, o mientras ese equilibrio sea dirigido en la dirección contraria dentro de un sistema explotador. Seguramente, existe un estado óptimo de equilibrio en el que cada cual queda máximamente reforzado. Pero afirmar esto significa introducir en nuestra discusión un nuevo género de valor. ¿Por qué alguien debería preocuparse de la justicia o adecuación, aun en el caso de que ambas quedaran reducidas a cuestión de prudencia o buen gobierno en el uso de reforzadores? Las preguntas con las que comenzamos obviamente no se pueden contestar apuntando simplemente a lo que es personalmente bueno o a lo que es bueno para los demás. Existe otra clase de valor al cual debemos ahora prestar atención.

*

La lucha por la libertad y la dignidad ha sido formulada como una defensa del ser autónomo más que como una revisión de las contingencias de reforzamiento bajo las cuales la persona vive. Una tecnología de la conducta resulta ya accesible, la cual reduciría con más éxito las consecuencias aversivas de la conducta, próximas o diferidas, y daría toda su importancia a las conquistas que es capaz de lograr el organismo humano. Pero los defensores de la libertad se oponen a su uso. La oposición puede plantear determinadas preguntas con respecto a los "valores". ¿Quién debe decidir lo que es bueno para el ser humano? ¿Cómo se usará una tecnología más eficaz? ¿Quién lo hará y con qué finalidad? Estas cuestiones se refieren en realidad a los reforzadores. Algunas cosas se han convertido en "buenas" a lo largo de la historia evolutiva de la especie, y se pueden utilizar para inducir a las personas a comportarse "por el bien de otros". Al ser utilizadas en exceso pueden encontrar resistencia, y el individuo entonces puede recurrir a cosas buenas sólo para él. A esa resistencia se puede contestar intensificando las contingencias que generan conducta en bien de otros, o poniendo de relieve conquistas individuales previamente descuidadas, tales como las definidas como seguridad, orden, salud, riqueza o sabiduría. Posiblemente de modo indirecto, otras personas conducen al individuo bajo el control de algunas consecuencias remotas de su conducta, y el bien de otros en este caso redunda en el bien del individuo. Otra clase de bien que ayuda al progreso humano será analizado a continuación.

7

La evolución de una cultura

El niño viene al mundo como miembro de la especie humana, con unas características genéticas en las que se manifiestan determinadas peculiaridades de idiosincrasia. Y comienza inmediatamente a adquirir un repertorio de conducta bajo las contingencias de reforzamiento a las que queda expuesto en cuanto individuo. La mayoría de estas contingencias dependen de otras personas. Ellas constituyen, en efecto, lo que llamamos una cultura, aunque este término se define normalmente de otra manera. Dos antropólogos eminentes han dicho, por ejemplo, que "el núcleo esencial de cultura consta de ideas tradicionales (es decir, derivadas y seleccionadas históricamente) y especialmente de los valores a ellas vinculados[1]". Pero aquellos que estudian las culturas no ven ideas ni valores. Ven, y comprueban, cómo viven las personas, cómo educan a sus hijos, cómo recolectan o cultivan los alimentos, qué clases de habitación usan, con qué y cómo se visten, cuáles son sus juegos, cómo se tratan unos a otros, cómo se gobiernan a sí mismos, etc. Estas son las costumbres, las conductas habituales, de un pueblo. Para llegar a explicarlas debemos recurrir a las contingencias que las generan.

Algunas contingencias forman parte del ambiente físico, pero actúan normalmente en combinación con contingencias de tipo social, y estas segundas, naturalmente, quedan subrayadas por cuantos estudian las culturas. Las contingencias sociales, o las conductas que ellas generan, son las "ideas" de una cultura, los reforzadores que aparecen en las contingencias son sus "valores".

Una persona no solamente queda expuesta a las contingencias que constituyen una cultura, sino que incluso contribuye a mantenerlas, y en la medida en que las contingencias le inducen a actuar así, la cultura se auto-mantiene y se perpetúa. La existencia de reforzadores eficaces es cuestión de observación y resulta indiscutible. Aquello a que un grupo determinado de personas llama "bueno", es un hecho real: es lo que a los miembros del grupo resulta reforzante, como resultado de su dotación genética y de las contingencias naturales y sociales a que han estado sujetos. Cada cultura tiene su propio conjunto de bienes, y es posible que lo que en una cultura sea bueno no lo sea, en cambio, en otra. Reconocer esto significa adoptar la postura del "relativismo cultural". Lo que es bueno para el isleño Trobiando es bueno para el isleño Trobiando, y esto es todo. Los antropólogos han subrayado con frecuencia este tipo de relativismo como una alternativa tolerante ante el celo misionero que intenta convertir todas las culturas a una única categoría de valores, sean estos éticos, políticos, religiosos o económicos.

Un conjunto dado de valores puede explicar por qué una cultura funciona, posiblemente sin apenas cambios, durante mucho tiempo; pero ninguna cultura se mantiene en un equilibrio permanente. Las contingencias cambian necesariamente. El ambiente físico cambia, conforme se producen migraciones humanas, cuando cambia el clima, cuando los recursos naturales se agotan, o se dedican a otros fines, o son inutilizables, etc., Las contingencias sociales cambian también de acuerdo con los cambios producidos en el tamaño de un grupo, o en sus contactos con otros grupos, o conforme las instituciones de control aumentan o disminuyen su poder, o entablan rivalidades entre sí, o bien cuando el control ejercido provoca el contracontrol en forma de huida o rebelión. Las contingencias características de una cultura pueden no ser adecuadamente transmitidas, de tal modo que la tendencia a ser reforzadas por un conjunto dado de valores no se mantenga. El margen de seguridad al producirse emergencias puede, por consiguiente, aumentar o disminuir. En resumen, la cultura puede vigorizarse o debilitarse, y podemos prever si va a sobrevivir o a perecer. La supervivencia de una cultura, pues, surge como un nuevo valor que debe ser tenido en cuenta, juntamente con los bienes personales y sociales.

El hecho de que una cultura pueda supervivir o perecer sugiere un género de evolución. Y, por supuesto, se ha señalado con frecuencia un cierto paralelo entre esa evolución cultural y la evolución de las especies. Este paralelismo debe quedar cuidadosamente delimitado. Una cultura corresponde a una especie. La describimos enumerando muchas de sus prácticas, de la misma forma que describimos una especie mediante la enumeración de muchas de sus características anatómicas. Dos o más culturas pueden tener alguna práctica en común. como dos o más especies pueden tener alguna característica anatómica común. Las prácticas de una cultura, como las características de una especie, se transmiten a través de sus miembros, que las hacen llegara otros miembros. En general, podemos afirmar que, a mayor número de individuos que transmiten una especie o una cultura, mayores serán sus probabilidades de supervivencia.

Una cultura, como una especie, se selecciona por su adaptación a un ambiente: en la medida en que facilita a sus miembros el conseguir lo que necesitan y evitar lo que les perjudica o amenaza, en esa misma medida les ayuda a sobrevivir y a transmitir la cultura. Las dos clases de evolución están íntimamente entretejidas. Las mismas personas transmiten a la vez una cultura y una dotación genética, aunque de modos muy diversos y a lo largo de épocas muy diferentes de sus vidas. La capacidad de soportar los cambios de conducta, que hacen posible una cultura, ha sido adquirida a lo largo de la evolución de la especie y, recíprocamente, la cultura determina muchas de las características biológicas transmitidas. Muchas culturas vigentes, por ejemplo, capacitan a los individuos para sobrevivir y reproducirse; individuos que, de otra forma, sucumbirían en el intento. No toda práctica en una cultura, ni toda característica en una especie, es adaptativa, puesto que prácticas y características no adaptativas pueden ser transmitidas por otras adaptativas, y, de hecho, ciertas culturas y especies deficientemente adaptativas pueden sobrevivir por mucho tiempo.

Las prácticas nuevas corresponden a las mutaciones genéticas. Una nueva práctica puede debilitar una cultura, por ejemplo, conduciéndola a un consumo innecesario de recursos o deteriorando la salud de sus miembros; puede también fortalecerla, por ejemplo, conduciendo a sus miembros al uso más eficaz de sus recursos o a mejorar su salud. Justamente como en el caso de una mutación, en que un cambio en la estructura de un gene no está relacionado con las contingencias de selección que afectan la característica resultante, de la misma forma, el origen de una práctica no está necesariamente relacionado con su valor de supervivencia. La alergia de un líder poderoso a un determinado alimento puede conducir a la promulgación de una ley dietética; una idiosincrasia sexual, a una cierta práctica matrimonial; el carácter peculiar de un terreno determinado, a una estrategia militar —y las prácticas pueden resultar de gran valor para una cultura, por razones escasamente relacionadas—. Muchas prácticas culturales, por supuesto, han tenido una causa accidental. La Roma primitiva, situada en una llanura fértil y asolada por tribus que se atrincheraban en las fortalezas naturales de las colinas circunvecinas, elaboró leyes concernientes a la propiedad que sobrevivieron al problema original[2]. Los egipcios, reconstruyendo los linderos de las tierras tras las avenidas anuales del Nilo, descubrieron y emplearon la trigonometría, que fue de aplicación valiosa para muchas otras cosas.

El paralelo entre la evolución biológica y cultural termina en cuanto se refiere a la transmisión. No existe, en la transmisión de la práctica cultural, nada parecido al mecanismo cromosoma-gene. La evolución cultural es lamarckiana en el sentido en que las prácticas ya adquiridas se transmiten. Recurramos a un ejemplo muy manido: la jirafa no alarga el cuello para llegar a un alimento que de otra forma quedaría fuera de su alcance, y así poder transmitir un cuello más largo a sus retoños. Por el contrario, las jirafas en las que la mutación haya producido cuellos más largos serán las que consigan más probablemente el alimento asequible y así transmitan la mutación. Pero una cultura que desarrolle una práctica que le permita utilizar alimentos, de otra forma inaccesibles, puede transmitir esa práctica no sólo a nuevos miembros de la cultura, sino incluso a otros contemporáneos o supervivientes de una generación anterior. Y lo que es más importante, una práctica puede transmitirse mediante la "difusión" a otras culturas —como si los antílopes, al comprobar la utilidad del cuello largo de las jirafas, fueran a alargar sus propios cuellos—. Las especies quedan aisladas unas de otras por causa de la no transmisibilidad de las características genéticas, pero no se da un aislamiento parecido en las culturas. Una cultura es un conjunto de prácticas. Pero este conjunto es susceptible de mezclarse con otros conjuntos de prácticas de otras culturas.

Tenemos la tendencia de asociar una cultura con un grupo humano. Resulta más fácil comprobar la existencia de las personas que su conducta, y más fácil es detectar la conducta que las contingencias que la originan. (También son fáciles de comprobar y, por tanto, con frecuencia esgrimidas para definir una cultura, las lenguas que en ellas se hablan y los objetos que utiliza, como instrumentos de todo tipo, armas, vestiduras y formas artísticas). Solamente en la medida en que identificamos una cultura con el grupo humano que la practica podemos hablar de un "miembro de una cultura", puesto que nadie puede formar parte de un conjunto determinado de contingencias de reforzamiento, o de un conjunto dado de artefactos (o, lo que vendría a ser lo mismo, de un "determinado conjunto de ideas y sus valores asociados").

Ciertas formas de aislamiento pueden producir una cultura bien definida, por medio de la limitación en la transmisibilidad de sus prácticas. El aislamiento geográfico queda sugerido, por ejemplo, cuando hablamos de una cultura "samoana"; del mismo modo quedan sugeridas características raciales que pueden interferir en el intercambio de prácticas culturales cuando hablamos de una cultura "polinesia". Una institución o sistema de control puede unificar un conjunto de prácticas. Una cultura democrática, por ejemplo, consiste en un ambiente social delimitado por ciertas prácticas de gobierno, y sustentado por prácticas compatibles de tipo ético, religioso, económico y educativo. Una cultura Cristiana, Musulmana o Budista sugiere un control dominante religioso, y una cultura capitalista o socialista sugiere por su parte un conjunto dominante de prácticas de tipo económico, cada una de ellas posiblemente asociadas con prácticas compatibles de otro género. Una cultura definida por un sistema de gobierno, por una religión o por un sistema económico, no exige necesariamente aislamiento geográfico o racial.

Aunque el paralelismo entre la evolución biológica y cultural no se cumple, en lo que se refiere a su transmisibilidad, la noción de una evolución cultural sigue conservando su utilidad. Surgen nuevas prácticas, y tienden a ser transmitidas si contribuyen a la supervivencia de aquellos que las practican. La verdad es que, efectivamente, podemos descubrir la evolución de una cultura más fácilmente que la evolución de una especie, puesto que sus condiciones esenciales son observadas, no inferidas, y pueden, a menudo, ser manipuladas directamente. Sin embargo, como ya hemos visto, la función del ambiente sólo ahora está empezando a ser entendido y el ambiente social —que constituye en realidad la cultura— es con frecuencia difícil de identificar. Está cambiando continuamente, carece de substancia y se confunde fácilmente con el grupo humano que sustenta ese ambiente y es afectado por él.

Puesto que una cultura tiende a ser identificada con el grupo humano que la práctica, el principio de evolución ha sido utilizado para justificar la competencia entre culturas, en la llamada "doctrina del Darwinismo social[3]". Las guerras entré estados, religiones, sistemas económicos, razas y clases han sido defendidas bajo el presupuesto de que la supervivencia de los mejores es una ley de la naturaleza —una naturaleza "de colmillos y zarpas"—. Si ha surgido el ser humano como la especie dominante, ¿por qué no buscar una subespecie o raza dominante? Si la cultura se ha desarrollado de la misma forma, mediante un proceso similar, ¿por qué no una cultura dominante? Es verdad que las personas se matan unas a otras y, por cierto, con frecuencia, en nombre de determinadas prácticas que parecen definir a esas culturas. Un gobierno o forma de gobierno lucha con otro, y los medios principales de esa lucha quedan plasmados en sus presupuestos de defensa. Sistemas religiosos y económicos han recurrido —y siguen recurriendo— a medidas militares. La "solución al problema judío" que adoptaron los nazis, fue una lucha competitiva a muerte. Y en competencias de esta clase, el fuerte parece ser el superviviente. Pero ninguna persona sobrevive mucho; ninguna institución gubernamental, religiosa o económica sobrevive mucho más. Son las prácticas las que evolucionan.

Ni en la evolución biológica ni en la cultural resulta la competitividad con otras formas la única condición importante de selección. Tanto las especies como las culturas "compiten" ante todo con el ambiente físico. La mayor parte de la anatomía y de la fisiología de una especie está relacionada con la respiración, la alimentación, el mantenimiento de una temperatura adecuada, la supervivencia del peligro, la lucha contra las infecciones, la procreación, etc. Solamente un pequeño sector de ella se refiere —y, por consiguiente, por eso ha sobrevivido— al éxito en la lucha con otros miembros de la misma especie, o de otra especie. De modo semejante, la mayoría de las prácticas que compone una cultura se refiere al sustento y a la seguridad, más que a la competencia con otras culturas, y la selección se ha llevado a cabo en ellas mediante contingencias de supervivencia en las cuales la competencia con éxito ha tenido un papel muy reducido.

Una cultura no es el producto de una "mente colectiva" creadora, ni la expresión de una "voluntad general". Ninguna sociedad comenzó con un contrato social; ningún sistema económico surge con la idea de trueques o salarios; ninguna estructura familiar, por causa de una intuición previa con respecto a las ventajas de la cohabitación. Una cultura se desarrolla cuando las nuevas prácticas aumentan la supervivencia de aquellos que las practican.

Cuando ya resulta claro que una cultura puede sobrevivir o vaya a perecer, algunos de sus miembros puede que empiecen a actuar para promover su supervivencia. A los dos valores que, como hemos visto, pueden afectar a cuantos están en posición de hacer uso de una tecnología de la conducta —a los "bienes" personales que son reforzantes debido a la dotación genética humana, y a los "bienes de los demás", que se derivan de reforzadores personales— debemos ahora añadir un tercero, el bien de la cultura. Pero, ¿por qué es eficaz? ¿Por qué debería nadie preocuparse en el último tercio del siglo veinte por el aspecto que tendrá la gente en el último tercio del siglo veintiuno, o por la forma en que se gobernarán, o cómo y por qué trabajarán con productividad, qué conocerán, o coro serán sus libros, sus cuadros y su música? Ningún reforzador corriente puede deducirse de nada tan remoto. ¿Por qué, entonces, debería una persona contemplar la supervivencia de su cultura como algo "bueno"?

No aporta nada, por supuesto, asegurar que una persona actúa "porque se preocupa por la supervivencia de su cultura", Lo que se siente con respecto a cualquier institución depende de los reforzadores que esa institución utiliza. Lo que una persona sienta con respecto a un gobierno puede variar desde el más celoso patriotismo hasta el miedo más abyecto, dependiendo esto de la naturaleza de las prácticas de control. Lo que una persona sienta con respecto a un sistema económico puede oscilar desde el apoyo entusiasta al amargo resentimiento, todo dependerá de la forma en que el sistema utilice los reforzadores positivos y negativos. Y lo que una persona sienta sobre la supervivencia de su cultura dependerá de las medidas utilizadas por esa cultura para inducir a sus miembros a trabajar por su supervivencia. Las medidas adoptadas explican el apoyo obtenido; lo que la persona sienta es meramente un efecto secundario. Ni tampoco ayuda nada el decir que alguien, súbitamente, haya concebido la idea de trabajar por la supervivencia de una cultura y que la transmite a otros. Una "idea" resulta, al menos, tan difícil de explicar cómo las prácticas que se dice que la expresan, y desde luego es mucho menos accesible. ¿Pero cómo habremos de explicar las prácticas?

La mayor parte de lo que una persona hace en favor de la supervivencia de una cultura no es "intencional", es decir, no se hace *porque* con ello se propicie la supervivencia de la cultura. Una cultura sobrevive si sus miembros sobreviven, y esto depende, en parte, de ciertas sensibilidades genéticas al reforzamiento, como resultado de las cuales la conducta conducente a la supervivencia en un ambiente determinado es moldeada y mantenida. Las prácticas que inducen al individuo a trabajar por el bien de otros prolonga, presumiblemente, la supervivencia de esos otros, y, en consecuencia, la supervivencia de la cultura de la que ellos son portadores.

Las instituciones pueden extraer reforzadores efectivos de sucesos que solamente ocurrirán después de la muerte de la persona. Esas instituciones comunican seguridad, justicia, orden, conocimiento, riqueza, salud, etc., y de todo ello sólo en parte disfrutará el individuo. En un plan quinquenal o en un programa de austeridad, a las personas se les induce a trabajar con ahínco y a renunciar a ciertas clases de reforzadores, a cambio de la promesa de reforzadores que llegarán más tarde; pero muchas de esas personas no vivirán +lo suficiente como para que les alcancen esas consecuencias diferidas. (Rousseau puntualizó esta realidad con relación a la educación: la mitad de los niños sometidos a prácticas educativas punitivas en su época, no vivieron para disfrutar de los pretendidos beneficios). Los honores concedidos a un héroe en vida le sobreviven en forma de conmemoraciones. La riqueza acumulada sobrevive a quien la acumula, como sucede con el conocimiento acumulado; los millonarios establecen fundaciones con sus nombres, y la ciencia y la investigación tienen también sus héroes. La creencia cristiana de una vida tras la muerte puede haber surgido y haberse desarrollado a partir del reforzamiento social para aquellos que sufren por motivos religiosos a lo largo de su vida. El ciclo es descrito como un conjunto de reforzadores positivos, y el infierno como un conjunto de reforzadores negativos, aunque ambos dependan de la conducta que la persona tenga *antes de su muerte.* (La supervivencia personal después de la muerte puede ser una imagen metafórica del concepto evolutivo del valor de supervivencia). Al individuo, por supuesto, no le afectan directamente todas estas cosas; simplemente obtiene ventajas de los reforzadores condicionados utilizados por otros miembros de su cultura que le sobreviven y que quedan afectados directamente.

Nada de todo esto terminará de explicar lo que podríamos llamar la preocupación pura por la supervivencia de una cultura, pero realmente tampoco necesitamos esa explicación. Del mismo modo que no necesitamos explicar el origen de una mutación genética para comprobar su efecto en la selección natural, así tampoco necesitamos explicar el origen de una determinada práctica cultural para comprobar su contribución en la supervivencia de una cultura. El hecho escueto consiste en que una cultura que por cualquier razón induzca a sus miembros a laborar por su supervivencia, o por la supervivencia de alguna de sus prácticas, muy probablemente sobrevivirá. La supervivencia es el único valor en virtud del cual una cultura será eventualmente juzgada, y cualquier práctica que prolongue esa supervivencia tiene, por definición, valor de supervivencia.

Si no resulta demasiado satisfactorio decir que es más probable que sobreviva cualquier cultura que induzca a sus miembros a trabajar para su supervivencia, por la razón que sea, y que es igualmente probable que tal práctica se perpetúe, debemos recordar que hay muy poco que explicar. Las culturas rara vez originan una pura preocupación por su supervivencia —es decir, una preocupación que esté libre de adornos patrioteros, de características raciales, de localizaciones geográficas, o de prácticas institucionalizadas con las cuales se tiende a identificar a una cultura.

Cuando los bienes de otros son puestos en duda, especialmente los bienes de "otros" organizados, no resulta fácil responder aduciendo ventajas diferidas. Así, se desafía a un gobierno cuando sus ciudadanos rehúsan pagar impuestos, prestar servicio militar, participar en elecciones, etc., y entonces dicho gobierno puede enfrentarse a ese desafío, o bien fortaleciendo sus contingencias, o aduciendo ventajas diferidas que se seguirán si la conducta en disputa adquiere determinada dirección. Pero a ver cómo podría contestar ese gobierno a la siguiente pregunta de parte de sus ciudadanos: "¿Por qué me habría yo de preocupar porque mi gobierno, o cualquier otra forma de gobierno, sobreviva tras mi muerte?" De forma parecida, una organización religiosa es puesta en duda cuando sus fieles no van a la iglesia, ni contribuyen a su mantenimiento, ni toman medidas políticas para salvaguardar sus intereses, etc. Esa organización religiosa puede tratar de solucionar el desafío, bien fortaleciendo sus contingencias, bien enfatizando ventajas diferidas. Pero cuál será su respuesta a la siguiente pregunta: "¿Por qué habría yo de trabajar por la supervivencia prolongada de mi religión?" La validez de un sistema económico es puesta en duda cuando las personas no trabajan productivamente, y el sistema puede responder al desafío, agudizando sus contingencias o poniendo de relieve ventajas diferidas. Pero queda por ver cuál será su respuesta a esta pregunta: "¿Por qué debería yo preocuparme por la supervivencia de un determinado sistema económico?" La única respuesta honrada a este tipo de preguntas quizá sea ésta: "No hay razón válida alguna por la cual usted debiera preocuparse, pero si su cultura no ha sido capaz de convencerle en este sentido, tanto peor para esa cultura".

Más difícil todavía resulta el explicar cualquier acción conducente a fortalecer una única cultura para toda la humanidad. Una *Pax Romana*, o americana; la salvación del mundo por la democracia, el comunismo internacional, o una iglesia "católica", exigen el apoyo de fuertes instituciones, pero una cultura mundial "pura" no lo requiere. No es probable que se desarrolle a partir de una competencia con éxito entre instituciones religiosas, políticas o económicas. Podemos, sin embargo, aducir muchas razones por las cuales las personas deberían estar ahora preocupadas por el bien de toda la humanidad. Los grandes problemas de nuestro mundo actual son en verdad universales. La explosión demográfica, el agotamiento de los recursos naturales, la contaminación ambiental, y la posibilidad de un holocausto nuclear..., todas estas son consecuencias no tan remotas de las actuales líneas de acción. Pero señalar las consecuencias no es suficiente. Debemos más bien disponer contingencias bajo las cuales tengan un efecto las consecuencias. ¿Cómo pueden las culturas del mundo hacer que estas terroríficas posibilidades afecten profundamente la conducta de sus miembros?

El proceso de evolución cultural, por supuesto, no tendría fin si existiera solamente una cultura, como la evolución biológica no tendría fin si existiera solamente una especie principal —seguramente el ser humano—. Algunas condiciones importantes de selección deberían cambiarse; otras, ser eliminadas. Pero las mutaciones seguirían existiendo y siendo sometidas a selección, y prácticas nuevas seguirían apareciendo y desarrollándose. No existiría ninguna razón para hablar de una cultura. Resultaría claro que estaríamos manejando solamente prácticas, justamente como en una única especie estaríamos manejando sólo características.

La evolución de una cultura plantea determinadas preguntas con respecto a los llamados "valores": preguntas a las que todavía no se les ha dado respuesta completamente satisfactoria. La evolución de una cultura, ¿es "progreso"? ¿Cuál es su meta? ¿Es esa meta una especie de consecuencia completamente diferente de esas otras consecuencias, reales o espurias, que inducen a los individuos a esforzarse en pro de la supervivencia de su cultura?

Un análisis estructural puede parecer que evite estas preguntas. Si nos limitamos simplemente a lo que las personas hacen, en ese caso una cultura podría decirse que se desarrolla simplemente pasando a través de una secuencia determinada de etapas. Aunque una cultura pueda saltarse alguna de esas etapas, con todo es posible demostrar cierta forma de orden característico. El estructuralista busca una explicación de por qué una etapa sigue a otra según el modelo de la secuencia. Técnicamente hablando, intenta explicar una variable dependiente sin relacionarla con ninguna variable independiente. El hecho de que la evolución tenga lugar en el tiempo parece sugerir, sin embargo, que el tiempo puede ser una útil variable independiente. Como ha dicho Leslie White, "la evolución puede definirse como una secuencia temporal de formas: una forma surge de otra; la cultura avanza de una etapa a la siguiente. En este proceso, el tiempo es un factor tan integral como pueda serlo el cambio de forma[4]".

Con frecuencia se habla de un cambio dirigido en el tiempo como de "desarrollo". Los geólogos detectan el desarrollo de la tierra a través de varias eras, y los paleontólogos siguen las huellas del desarrollo de las especies. Los psicólogos estudian el desarrollo de, digamos, el ajuste psicosexual. El desarrollo de una cultura puede seguirse a través de su uso de materiales (de la piedra al hierro pasando por el bronce), de sus formas de conseguir alimentos (desde la recolección a la pesca y la caza, hasta llegar al cultivo), de su utilización del poder económico (feudalismo, mercantilismo, industrialismo, socialismo), etc.

Hechos de esta naturaleza resultan útiles, pero los cambios se producen no por causa del paso del tiempo, sino más bien por lo que sucede mientras el tiempo va pasando. El Cretáceo, en geología, no apareció en una etapa determinada en el desarrollo de la tierra por causa de una secuencia fija predeterminada, sino porque una condición precedente de la tierra condujo a ciertos cambios. El casco de los caballos no se desarrolló porque transcurrió tiempo, sino porque fueron seleccionadas ciertas mutaciones cuando éstas favorecieron la supervivencia en el ambiente en el que el caballo vivía. La riqueza de vocabulario de un niño, o las formas gramaticales que usa, no son función de una edad en desarrollo, sino de las contingencias verbales que han prevalecido en la comunidad en la que la criatura ha quedado inmersa. Un niño desarrolla el "concepto de inercia" en una edad determinada solamente por causa de las contingencias de reforzamiento sociales y no sociales que han generado la conducta que se asegura expresa la posesión del concepto. Las contingencias se "desarrollan" en la misma medida que la conducta que ellas generan. Si las etapas de desarrollo se siguen unas a otras de acuerdo con un orden fijo, ello se debe a que una etapa proporciona las condiciones responsables de la siguiente. Un niño deberá aprender a andar antes de que pueda correr, o saltar; debe conseguir un vocabulario rudimentario antes de que pueda "ordenar las palabras con su orden gramatical adecuado"; debe poseer conductas simples antes de adquirir la conducta que se dice muestra la posesión de "conceptos complejos".

Los mismos aspectos surgen en el desarrollo de una cultura. Las prácticas de recolección de alimentos preceden, naturalmente, a la agricultura, no por causa de un modelo esencial, sino porque las personas deben sobrevivir de alguna forma (una de ellas consiste en recoger alimentos) hasta que las prácticas agrícolas puedan ser incorporadas. El orden necesario en el determinismo histórico de Karl Marx radica en las contingencias, La lucha de clases es un modo rudo de representar las maneras en que las personas se controlan unas a otras. El nacimiento del poder de los comerciantes y el declinar del feudalismo y la aparición posterior de la revolución industrial (a la que posiblemente siga el socialismo o un estado de bienestar) dependen, en su mayor parte, de cambios en las contingencias económicas de reforzamiento.

Un puro desarrollismo, que se contente con modelos de cambio secuencial en estructura, pierde la ocasión de explicar la conducta en términos de historias genética y ambiental. También se le escapa la posibilidad de cambiar el orden en que las etapas se suceden unas a otras, o la rapidez con que lo hacen. En un ambiente standard, un niño puede adquirir conceptos en un orden standard, pero el orden queda determinado por contingencias susceptibles de ser cambiadas.

De manera semejante, una cultura puede desarrollarse a través de una secuencia de etapas conforme las contingencias se desarrollan, pero se puede orquestar un orden diferente de contingencias. No podemos alterar la edad de la tierra o la de un niño, pero en el caso del niño no tenemos necesariamente que esperar a que pase el tiempo para cambiar las cosas que suceden en el tiempo.

El concepto de desarrollo queda enmarañado con los llamados "valores", cuando el cambio dirigido es considerado como crecimiento. Una manzana en crecimiento atraviesa una secuencia de etapas, y consigue su perfección en una de ellas. Rechazamos las manzanas verdes o podridas: solamente es buena la manzana en sazón. Por analogía, hablamos de una persona madura o de una cultura madura. El agricultor trabaja para asegurar que sus cosechas lleguen a la madurez, y los padres, maestros y terapeutas luchan por conseguir una persona madura. Al cambio, en la dirección de la madurez, se le valora con frecuencia como "llegar a ser". Si el cambio se interrumpe, hablamos de un desarrollo detenido o fijado y tratamos de corregirlo. Cuando el cambio es lento, hablamos de retraso e intentamos acelerarlo. Pero estos valores altamente cotizados se convierten en carentes de significado (o en algo todavía peor) cuando la madurez es alcanzada. Nadie tiene prisa por un "avance progresivo" hacia la vejez; la persona madura estaría encantada si pudiera detener o fijar su desarrollo; a partir de este punto no le importaría, por cierto, convertirse en un retrasado.

Es un error suponer que todo cambio o desarrollo es crecimiento. La condición actual de la corteza terrestre ni es madura ni inmadura: el caballo no ha alcanzado, que se sepa, una etapa final y presumiblemente óptima en su desarrollo evolutivo[5]. Si el lenguaje de un niño parece crecer como un embrión, ello se debe solamente a que las contingencias ambientales han sido pasadas por alto. Un niño salvaje no tiene lenguaje alguno, no porque su aislamiento haya interferido con algún proceso de crecimiento, sino porque no ha sido expuesto al control de una comunidad verbal[6]. No hay razón para denominar madura a cultura alguna, en el sentido de que no sea probable el que se produzca ningún otro avance en su crecimiento, o que en caso de producirse debiera ser considerado como una especie de deterioro, A algunas culturas las llamamos subdesarrolladas o inmaduras, en contraste con otras a las que llamamos "avanzadas", pero es una forma primitiva de patriotismo creer que cualquier gobierno, religión o sistema económico es maduro.

La principal objeción a la metáfora del crecimiento, quede ésta aplicada al desarrollo de un individuo o a la evolución de una cultura, estriba en el hecho de que pone el énfasis en una etapa-término que no tiene función alguna. Decimos que un organismo crece *hacia* la madurez o *para alcanzar la madurez*. La madurez se convierte en una meta, y el progreso, por tanto, significa avanzar hacia la meta. Una meta es literalmente un término —el final de algo, como, por ejemplo, de una carrera pedestre—. La palabra se utiliza en un sentido relativamente vacuo cuando decimos que la meta de la vida es la muerte, o que la meta de la evolución es llenar la tierra de vida. La muerte es sin duda el final de la vida, y un mundo pletórico puede ser el final de la evolución, pero estas condiciones terminales no repercuten en modo alguno sobre los procesos, a través de los cuales se alcanzan. No vivimos *con el fin de* morir, y la evolución no tiene lugar *con el fin de* llenar de vida la tierra.

La meta, en cuanto fin de una carrera, se confunde fácilmente con la victoria y, por tanto, con las razones por las que se corre o con el propósito del corredor. Los pioneros en el estudio del aprendizaje utilizaban laberintos y otros aparatos, en los cuales la meta parecía mostrar la posición de un reforzador con respecto a la conducta de la cual aquélla era una consecuencia; el organismo se dirigía hacia una meta. Pero la relación importante es de tipo temporal, no espacial. La conducta es seguida por el reforzamiento; no lo persigue y lo alcanza. Explicamos el desarrollo de una especie y de la conducta de un miembro de la especie poniendo de relieve la acción selectiva de las contingencias de supervivencia y de las contingencias de reforzamiento. Tanto la especie como la conducta del individuo se desarrollan cuando son modeladas y mantenidas por sus efectos en su mundo circundante. Tal es el único papel del futuro.

Pero esto no significa que no exista dirección alguna. Se han llevado a cabo muchos esfuerzos para caracterizar la evolución como cambio dirigido —por ejemplo, como un aumento uniforme en complejidad de estructura, en sensibilidad al estímulo, o en la utilización eficaz de energía—. Existe otra importante posibilidad: *ambas clases de evolución hacen a los organismos más sensibles a las consecuencias de su acción*. Los organismos con mayor probabilidad de cambiar ante ciertas clases de consecuencias, han tenido seguramente una ventaja, y una cultura conduce al individuo bajo el control de consecuencias remotas que podrían no haber jugado papel alguno en la evolución física de la especie. Un bien personal remoto llega a ser eficaz cuando una persona queda controlada por el bien de otros, y la cultura que induce a algunos de sus miembros a trabajar por su supervivencia proporciona una consecuencia a tener en cuenta todavía más remota.

El cometido de quien pretenda planificar una cultura consiste en acelerar el desarrollo de prácticas que hagan entrar en escena las consecuencias remotas de la conducta. Ahora estudiaremos algunos de los problemas a los que un planificador cultural deberá enfrentarse.

*

El ambiente social constituye lo que denominamos una cultura. Modela y mantiene la conducta de aquellos que viven inmersos en ella. Una cultura determinada se desarrolla conforme surgen prácticas nuevas, posiblemente por razones irrelevantes, y quedan seleccionadas de acuerdo con su contribución al fortalecimiento de la cultura en su "competencia" con el ambiente físico y con otras culturas. Un paso importante es la aparición de prácticas que inducen a los miembros a trabajar por la supervivencia de su cultura. Tales prácticas no pueden ser atribuidas en su origen a los bienes personales, aunque se utilicen por el bien de otros, puesto que la supervivencia de una cultura más allá del tiempo que vive un individuo no puede considerarse como una fuente de reforzadores condicionados. Otros individuos pueden sobrevivir a la persona a la que ellos inducen a actuar en su propio beneficio, y la cultura de cuya supervivencia se trata queda con frecuencia identificada con ellos o con sus organizaciones, pero la evolución de una cultura introduce una clase adicional de bien o de valor. Una cultura que por cualquier razón induzca a sus miembros a trabajar por su supervivencia, es más probable que sobreviva. Es cuestión del bien de la cultura, no del individuo. Un diseño explícito promueve ese bien cultural, acelerando el proceso evolutivo, y puesto que una ciencia y una tecnología de la conducta contribuyen a mejorar ese diseño, constituyen importantes "mutaciones" en la evolución de una cultura. Si existe algún propósito o dirección en la evolución de una cultura, ello se relaciona con el sentimiento de las personas, cada vez más, al control de las consecuencias de su conducta.

8

El diseño de una cultura

Son muchas las personas empeñadas en diseñar y rediseñar prácticas culturales. Llevan a cabo cambios en las cosas que utilizan, y en la forma en que las utilizan. Inventan desde mejores métodos para atrapar ratones a mejores ordenadores, y descubren mejores pautas para criar a los hijos, pagar salarios, cobrar impuestos y ayudar a la gente en sus problemas. No necesitamos dedicarle demasiado tiempo a la palabra "mejor"; es simplemente el comparativo de "bueno", y las cosas buenas son reforzantes. Consideramos una cámara fotográfica mejor que otra por lo que sucede cuando son usadas. Un fabricante anima a los posibles compradores a "valorar" su cámara, garantizándoles que funcionará de modo satisfactorio, destacando las opiniones de anteriores usuarios sobre su funcionamiento, etc. Por supuesto, resulta mucho más difícil llamar a una cultura mejor que otra, en parte porque habría que valorar y tener en cuenta otras muchas consecuencias.

Nadie está en posesión del mejor método de criar a los hijos, de pagar a los trabajadores, de mantener la ley y el orden, de enseñar o de conseguir que las personas sean creativas, pero es posible proponer métodos mejores que los que ahora tenemos y propugnarlos prediciendo, y eventualmente demostrando, resultados más reforzantes. Esto se ha hecho en el pasado con la ayuda de la experiencia personal y de la sabiduría popular, pero un análisis científico de la conducta humana es obviamente relevante. Y ayuda de dos maneras: define qué hay que hacer y sugiere procedimientos para hacerlo. Su urgente necesidad queda de manifiesto en una discusión reciente publicada en una revista sobre los males que actualmente aquejan a la sociedad americana. El problema quedó descrito como "una condición de desequilibrio psíquico de la juventud", "decadencia espiritual", "retroceso psíquico" y "crisis de los valores espirituales". Todo esto fue atribuido a "ansiedad", "incertidumbre", "situación enfermiza", "alienación", "desesperanza generalizada" y otros diversos estados anímicos y mentales, influyendo todos ellos en el molde intrapsíquico familiar (se aseguraba que la falta de seguridad de la persona inmersa en su medio social conducía a la alienación, por ejemplo, y que la frustración conducía, por su parte, a la agresión). La mayoría de los lectores, probablemente, entendieron lo que el autor decía, y puede que pensaran que decía, efectivamente, algo de utilidad. Pero el texto —que no resulta ser excepcional— tiene dos defectos característicos que explican nuestro fracaso para tratar adecuadamente los problemas culturales: la conducta, de algún modo problemática, no queda realmente descrita; y no se menciona absolutamente nada de lo que podemos hacer para cambiarla.

Consideremos el caso de un muchacho joven cuyo mundo haya cambiado súbitamente. Ha terminado sus estudios y se dispone a comenzar su trabajo, pongamos por caso, o tiene que prestar servicio militar. La mayor parte de la conducta a la que ha estado habituado y que ha ido adquiriendo hasta ese momento resulta que, en su nuevo ambiente, no le sirve de nada. La conducta que le caracteriza en estos momentos puede ser descrita, y la descripción interpretada, de la siguiente forma: carece de confianza en sí mismo, o se siente inseguro, o está inseguro de sí mismo (*su conducta es débil e inadecuada*); se encuentra insatisfecho o desanimado (*muy rara vez es reforzado, y, como consecuencia, su conducta experimenta extinción*); está frustrado (*esa extinción va acompañada de respuestas emocionales*); se siente incómodo o víctima de la ansiedad (*su conducta con frecuencia tiene consecuencias aversivas inevitables que tienen efectos emocionales*); no hay nada que quiera hacer, o que le guste hacer bien, cree que carece de habilidades, no tiene la sensación de llevar una vida con sentido, tampoco posee el sentimiento del deber cumplido (*muy raramente es reforzado por hacer algo*); se siente culpable o avergonzado (*ha sido previamente castigado por su ociosidad o su fracaso, lo cual ahora suscita respuestas emocionales*); se encuentra disgustado consigo mismo o desilusionado (*ya no es reforzado por la admiración de los demás, y la extinción subsecuente tiene efectos emocionales*); se convierte en hipocondríaco (*llega a la conclusión de que está enfermo*) o en neurótico (*emprende una serie de formas de escape ineficaces*); y experimenta una crisis de identidad (*ya no reconoce por más tiempo a la persona a la que solía llamar "yo"*),

Las frases en cursiva son demasiado breves para ser precisas, pero sugieren la posibilidad de una alternativa que por sí sola sugiere una acción eficaz. Para ese joven mismo las cosas importantes son, sin duda, sus diversas condiciones corporales. Son estímulos preponderantes, y ha aprendido a utilizarlos de modo tradicional para explicar su conducta, a sí mismo y a los demás. Lo que él nos dice con respecto a sus experiencias sensibles puede permitirnos emitir algunas conjeturas verosímiles acerca de lo que anda mal en las contingencias, pero debemos acudir directamente a las contingencias si queremos estar seguros, *y son las contingencias las que deben cambiarse si es que queremos cambiar la conducta.*

Los sentimientos y los estados mentales todavía acaparan la atención, por muchas razones, cuando se discute la conducta humana[1]. Por una parte, han prevalecido durante mucho tiempo sobre las alternativas que los podían haber reemplazado; es difícil observar la conducta como tal, sin interpretar muchas de las cosas que ella, según se asegura, expresa. La acción selectiva del ambiente ha permanecido oscura por causa de su misma naturaleza. Nada menos que un análisis experimental fue necesario para descubrir el significado de las contingencias de reforzamiento, y las contingencias permanecen casi fuera del alcance de una observación casual. Esto es fácil demostrarlo. Las contingencias preparadas en un laboratorio operante son con frecuencia complejas, pero son, con todo, más simples que la mayoría de las contingencias de la vida cotidiana[2]. Sin embargo, quien no esté familiarizado con la práctica de laboratorio encontrará difícil ver lo que sucede en un espacio experimental. Ve un organismo comportándose de forma sencilla, en presencia de varios estímulos que cambian de vez en cuando, y puede que vea algún acontecimiento reforzante Ocasional —por ejemplo, la aparición de alimento que el organismo come—. Los hechos son todos claros, pero la observación casual sola, rara vez revelará las contingencias. Nuestro observador no será capaz de explicar por qué el organismo se comporta del modo como lo hace. Y si no puede entender lo que ve en un ambiente simplificado de laboratorio, ¿cómo podremos esperar de él que interprete adecuadamente lo que está sucediendo en la vida diaria?

El experimentador, por supuesto, tiene información adicional. Algo sabe con respecto a la genética de su sujeto, al menos en la medida en que haya estudiado otros sujetos de la misma clase. Tiene datos sobre la historia anterior —sobre contingencias anteriores a las que el organismo ha estado sometido, su programa de privación, etc.—. Pero nuestro observador no ha fracasado por causa de la carencia de estos datos adicionales; ha fracasado porque no ha sido capaz de ver lo que sucedía ante sus propios ojos. En un experimento sobre conducta operante, los datos importantes son los cambios en frecuencia, pero es difícil, si no imposible, advertir un cambio de frecuencia a través de una observación casual. No estamos bien equipados para ver cambios cuando éstos tienen lugar en períodos de tiempo bastante largos. El experimentador puede ver tales cambios en sus registros acumulativos. Lo que a veces parece respuesta más bien esporádica, puede que resulte ser una etapa precisa de un proceso bien ordenado. El experimentador también está al corriente de las contingencias que prevalecen (puesto que, en efecto, él mismo ha construido el aparato que las prepara). Si nuestro observador casual dedica a ello bastante tiempo, puede que llegue a descubrir algunas de esas contingencias, pero lo conseguiría tan sólo si supiera a qué debe, exactamente, prestar atención. Hasta que las contingencias fueron preparadas y sus efectos estudiados en el laboratorio, muy poco esfuerzo se llevó a cabo para descubrirlas en la vida diaria. Este es el sentido en el que, como quedó indicado en el capítulo primero, un análisis experimental hace posible la interpretación eficaz de la conducta humana. Nos permite prescindir de detalles irrelevantes, por muy dramáticos que puedan parecer, y poner el énfasis en aquellas características que, sin la ayuda de este análisis, quizá fueran descuidadas por considerarlas triviales.

(Puede ser que el lector tenga la tendencia a poner poca atención en frecuentes referencias a las contingencias de reforzamiento, considerándolas nueva moda de argot técnico, pero no se trata simplemente de hablar de lo de siempre con palabras nuevas. Las contingencias son omnipresentes; afectan los campos clásicos de la intención y el propósito, pero de una forma mucho más útil, y proporcionan la posibilidad de formulaciones alternativas para los denominados "procesos mentales". Nunca anteriormente se había prestado atención a muchos de sus detalles y no existen términos tradicionales para hablar de ellos. El significado completo del concepto queda todavía lejos, sin duda, de ser reconocido adecuadamente).

Más allá de la interpretación está todavía la acción práctica. Las contingencias son accesibles, y conforme llegamos a entender las relaciones entre la conducta y el ambiente, descubrimos nuevas formas de cambiar la conducta. Las líneas maestras de una tecnología de la conducta están claras. Se formula un trabajo que llevar a cabo: la producción o la modificación de la conducta; y, a partir de ello, la preparación de contingencias relevantes. Puede que sea necesaria una secuencia programada de contingencias. La tecnología ha conseguido su grado máximo de eficacia allí donde la conducta puede ser especificada con relativa facilidad y las contingencias apropiadas efectivamente construidas (p.ej., en los cuidados infantiles o en colegios, en la atención a personas con discapacidad intelectual o en psicóticos en instituciones residenciales). Los mismos principios se están aplicando, sin embargo, a la preparación de materiales didácticos a todos los niveles educativos, en la psicoterapia más allá del simple cuidado, en rehabilitación, en la dirección industrial, en urbanismo y en muchos otros campos de la conducta humana. Existen muchas variantes de la "modificación de la conducta" y muy diferentes formulaciones, pero todas coinciden en lo esencial: la conducta puede cambiarse cambiando las condiciones de las cuales esa conducta es función[3].

Tal tecnología es éticamente neutra. Puede usarla un villano o un santo. Nada se da en una metodología que determine los valores que dirigen su uso. Aquí nos interesan, sin embargo, no solamente las prácticas sino el diseño completo de una cultura entera, y la supervivencia de una cultura emerge entonces como una especial clase de valor. Una persona puede planificar una mejor forma de educar a los niños primariamente para escapar de la presencia y el contacto con niños que no se comporten bien. Puede solucionar su problema, por ejemplo, siendo autoritario y ordenancista. O puede que su nuevo método promueva el bien de los niños o de los padres en general. Ello puede exigir tiempo y esfuerzo y el sacrificio de reforzadores personales, pero lo propondrá y lo utilizará si se le ha inducido de modo suficiente a trabajar por el bien de otros. Si es intensamente reforzado cuando ve a otras personas disfrutando, por ejemplo, se las ingeniará para construir un ambiente en el que los niños sean felices. Si su cultura le ha inducido a trabajar con interés por la supervivencia de ella, sin embargo, puede que estudie la contribución que las personas han llevado a cabo en favor de la cultura como resultado de su historia temprana, y puede que entonces diseñe un método mejor para aumentar esa contribución. Aquellos que adopten el método puede que tengan que soportar alguna merma de reforzadores personales.

Las mismas tres clases de valores pueden ser detectadas en el diseño de otras prácticas culturales. El profesor escolar puede elaborar nuevas formas de enseñanza que hagan su vida algo más fácil, o que agraden a sus estudiantes (quienes recíprocamente le refuerzan), o bien que con probabilidad induzcan a esos estudiantes a contribuir cuanto les sea posible a su cultura. El industrial puede diseñar un sistema de salarios que aumente al máximo sus beneficios, o que contribuya al bien de sus empleados, o que produzca con la máxima eficacia los bienes que la cultura necesita, con un consumo mínimo de recursos naturales y un mínimo grado de contaminación ambiental. Un partido en el poder puede que actúe sin más finalidad que la de mantener ese poder, o para reforzar a aquellos a quienes gobierna (quienes, a cambio, le mantienen en el poder), o para promover y sostener el Estado, instituyendo, por ejemplo, un programa de austeridad que puede costar al partido no sólo el poder, sino, incluso, el apoyo de sus partidarios.

Los mismos tres niveles pueden ser detectados en la planificación de una cultura en su conjunto. Si quien la planifica es un individualista, intentará diseñar un mundo en el que él tenga que soportar el mínimo de control aversivo y acepte sus propios bienes personales como los últimos y definitivos valores. Si ha quedado sometido a un adecuado ambiente social, llevará a cabo ese diseño en beneficio de otros, posiblemente a costa de sus bienes personales. Y si se preocupa primariamente por el valor de supervivencia, se las arreglará para diseñar una cultura con la atención puesta en su buen funcionamiento.

Cuando una cultura induce a algunos de sus miembros a trabajar en pro de su supervivencia, ¿qué deben éstos hacer? Necesitarán, en primer lugar, prever algunas de las dificultades que la cultura habrá de encontrar. Éstas, naturalmente, aparecerán en un futuro lejano y los detalles no siempre resultan suficientemente claros. Las visiones apocalípticas han tenido una larga historia, pero sólo recientemente se ha prestado tanta atención a la predicción del futuro. Nada se puede hacer respecto a dificultades completamente impredecibles, pero podemos prever algunos problemas extrapolando tendencias actuales. Podría ser suficiente la observación, simplemente, del aumento uniforme de la población mundial, del tamaño y localización de los arsenales nucleares, o de la contaminación del ambiente y el agotamiento de los recursos naturales; podemos, según esto, modificar ciertas prácticas para inducir a las personas a tener menos hijos, gastar menos en armamento nuclear, dejar de contaminar el ambiente y consumir esos recursos naturales a menor velocidad, respectivamente.

No necesitamos predecir el futuro para comprobar algunas de las formas en las que el vigor de una cultura depende de la conducta de sus miembros. Una cultura que mantiene el orden público, y se defiende a sí misma de determinados ataques, libera a sus miembros de ciertas formas de amenaza y presumiblemente les proporciona más tiempo y energía para otras cosas (particularmente si el orden y la seguridad se mantienen sin tener que recurrir a la fuerza). Una cultura necesita diversos bienes para su supervivencia, y su vigor debe depender, en parte, de las contingencias económicas que fomentan la empresa y el trabajo productivo, de la accesibilidad de los instrumentos de producción y del desarrollo y conservación de los recursos naturales. Una cultura presumiblemente es más fuerte si induce a sus miembros a mantener un ambiente seguro y saludable, a proveer atención médica, y a mantener una densidad de población apropiada a los recursos y espacio vital disponibles. Una cultura tiene que transmitirse de generación en generación, y su fuerza dependerá seguramente de lo que sus nuevos miembros puedan llegar a aprender, bien sea a través de contingencias de educación informal, bien en instituciones educativas. Una cultura necesita el apoyo de sus miembros, y debe proporcionarles la posibilidad y consecución de la felicidad, si quiere prevenirse contra el descontento de sus miembros o la deserción. Una cultura debe también ser razonablemente estable, pero abierta al posible cambio, y será con probabilidad tanto más fuerte cuanto sea capaz de evitar el respeto excesivo a la tradición y el miedo a toda novedad, por una parte, y, por otra, el cambio excesivamente rápido. Finalmente, una cultura poseerá una especial medida del valor de supervivencia si impulsa a sus miembros a examinar sus prácticas y a experimentar otras nuevas.

Una cultura es bastante parecida al espacio experimental utilizado en el análisis de la conducta. Ambos consisten en conjuntos de contingencias de reforzamiento. Un niño nace en el seno de una cultura, de la misma forma que un organismo queda ubicado en un espacio experimental. Diseñar una cultura es parecido a diseñar un experimento; se preparan convenientemente las contingencias, y los efectos son observados. En un experimento estamos interesados en lo que sucede; al diseñar una cultura, lo que nos interesa es si funcionará o no. Ésta es la diferencia entre ciencia y tecnología.

En la literatura utópica encontramos una colección de diseños culturales[4]. Estos autores utópicos han descrito sus versiones sobre la vida feliz y los métodos de conseguirla. Platón, en *La República*, escogió una solución política; San Agustín, en *La ciudad de Dios*, una religiosa. Tomás Moro y Francis Bacon, abogados ambos, recurrieron a la ley y al orden, y los utopistas rousseaunianos del siglo XVIII a la supuesta bondad natural del hombre. El siglo XIX trató de descubrir soluciones económicas, y el siglo XX ha visto el nacimiento de las que podrían ser calificadas como utopías conductuales en las que se comenzó a analizar (con frecuencia de manera satírica) una gama completa de contingencias sociales[5].

Los escritores utópicos se las han visto y deseado para simplificar su cometido. Una comunidad utópica queda integrada con frecuencia por un número de personas relativamente pequeño, que viven juntas en un lugar, y en contacto estable unas con otras. Pueden practicar un control ético informal y reducir al mínimo, al mismo tiempo, la función de las instituciones organizadas. Pueden aprender unos de otros, más bien que de los especialistas llamados maestros. Pueden evitar comportarse mal unos con otros, mediante advertencias personales, no por medio de castigos especializados administrados por un sistema legal. Pueden producir e intercambiar bienes, sin especificar los valores en términos de dinero. Pueden ayudar a aquellos que caen enfermos, no se encuentran bien o están desadaptados, y a los ancianos, con un mínimo de cuidado institucionalizado. Los contactos problemáticos con otras culturas se evitan mediante el aislamiento geográfico (las utopías, generalmente, quedan localizadas en islas o en espacios rodeados de altas montañas) y la transición a una nueva cultura se facilita mediante alguna ruptura formalizada con el pasado, como, por ejemplo, un ritual de re-nacimiento (las utopías están concebidas con frecuencia en un futuro lejano, de modo que la necesaria evolución de la cultura parezca verosímil). Una utopía equivale a un ambiente social total, y todas sus partes funcionan bien engranadas entre sí. El hogar no entra en conflicto con la escuela o con la calle, la religión no tiene problemas con el gobierno, etc.

Quizá la característica más importante del esquema utópico sea, sin embargo, que la supervivencia de una comunidad puede convertirse en cosa importante para sus miembros. El tamaño reducido, el aislamiento, la coherencia interna... todos estos factores proporcionan a la comunidad un sentimiento de identidad que convierten su supervivencia o desaparición en algo de extraordinaria importancia. La pregunta fundamental en todas las utopías es la siguiente: "¿Funcionaría bien, realmente?" Este género de literatura merece la pena estudiarse, justamente por el énfasis que se pone en lo experimental. Una cultura tradicional ha sido sometida a examen y puesto de manifiesto aquello de lo que adolece. Y una nueva versión cultural queda establecida para ser probada y remodelada de acuerdo con lo que exijan las circunstancias.

La simplificación en los escritos utópicos, que no es ni más ni menos que la simplificación característica de la ciencia, resulta muy rara vez viable a escala global, y existen otras muchas razones por las cuales resulta sumamente difícil llevar a cabo un diseño cultural explícito. No se la puede someter a un control social o ético de tipo informal a una población dinámica y supernumeraria, porque reforzadores sociales, como el elogio o el reproche, no son permutables con los reforzadores personales en los que están basados. ¿Por qué a nadie habría de afectarle el elogio o el reproche de personas a las que ya nunca más volverá a ver? El control ético puede conservar su efectividad en pequeños grupos, pero controlar a la población en conjunto es cuestión que hay que dejar en manos de especialistas —policía, sacerdotes, propietarios, maestros, terapeutas, etc.— con sus reforzadores igualmente especializados y sus contingencias codificadas. Estas contingencias están ya probablemente en conflicto unas con otras, y lo estarán, casi con toda seguridad, con cualquier nuevo conjunto de contingencias. Donde no resulte excesivamente difícil cambiar la instrucción informal, por ejemplo, resulta prácticamente imposible modificar un establecimiento educativo. Es relativamente fácil modificar las prácticas matrimoniales, de divorcio y de fecundidad, cuando el significado de todo ello cambia en el contexto cultural, pero es casi imposible modificar los principios religiosos que dictan tales prácticas. Es fácil modificar la medida en que se aceptan diversas formas de conducta como buenas, pero es ya mucho más difícil modificar las leyes de un gobierno. Los valores reforzantes de los bienes son más flexibles que los valores impuestos por instituciones económicas. El principio de autoridad es más inflexible que los hechos de los que habla.

No resulta sorprendente comprobar que, por lo que al mundo real se refiere, la palabra utopía significa inviable o no factible. La historia parece confirmarlo; varios diseños utópicos han sido propuestos a lo largo de casi dos mil quinientos años, y la mayoría de los esfuerzos llevados a cabo para darles realidad, han terminado en ignominiosos fracasos. Pero la evidencia histórica está siempre contra la probabilidad de cualquier novedad; ése es el significado que se da a la palabra historia. Resultan improbables los descubrimientos científicos y los inventos; eso es lo que está implícito en las palabras descubrir e inventar. Y si economías planificadas, dictaduras benevolentes, sociedades perfeccionistas y otras aventuras utópicas han fracasado, debemos recordar que también han sucumbido culturas no planificadas, no impuestas, e imperfectas, respectivamente. Un fracaso no es siempre una equivocación; puede que sea, simplemente, lo más que se pueda hacer dadas las circunstancias. La verdadera equivocación es renunciar a seguir intentándolo. Quizá no podamos diseñar con éxito una cultura, en su conjunto, pero lo que sí puede quedar a nuestro alcance es el diseño de prácticas mejores, aunque sea de modo fragmentario. Los procesos conductuales a escala mundial son iguales que los llevados a cabo en una comunidad utópica, y las prácticas tienen los mismos efectos por las mismas razones.

Podemos encontrar las mismas ventajas poniendo el énfasis en las contingencias de reforzamiento, en lugar de hacerlo en estados mentales o sentimientos. Por ejemplo, sin duda constituye un problema serio el que los estudiantes hayan dejado de reaccionar de forma tradicional a sus ambientes educativos; abandonan la escuela, posiblemente durante largos períodos de tiempo, se matriculan solamente en cursos que les gustan o que parecen ser de importancia dados sus problemas específicos, destruyen instalaciones escolares y atacan a los profesores y a las autoridades académicas. Pero este problema no lo solucionaremos, en modo alguno, "cultivando en nuestro público un respeto, que actualmente no tiene, por el saber como tal, y por las prácticas escolares y los maestros". (El cultivo del respeto no pasa de ser una metáfora, dentro de la tradición de la horticultura). Lo equivocado es el ambiente educativo. Necesitamos diseñar contingencias bajo las cuales los estudiantes adquieran una conducta útil para ellos y para su cultura —contingencias que no acarreen subproductos enojosos y que generen la conducta que se asegura que "expresa respeto por el estudio"—. No es difícil comprobar qué es lo que anda mal en la mayoría de los ambientes educativos, y mucho es lo hecho ya para diseñar materiales pedagógicos que hagan el aprendizaje tan fácil como sea posible, y para elaborar contingencias, en las aulas y fuera de ellas, que proporcionen a los estudiantes razones poderosas para conseguir educación.

Otro problema serio surge igualmente cuando los jóvenes rehúsan prestar el servicio militar y desertan o se refugian en otros países, pero no conseguiremos ningún cambio apreciable de la situación simplemente "inspirando mayor lealtad o patriotismo". Lo que hay que cambiar son las contingencias que inducen a esos jóvenes a comportarse de una manera determinada con respecto a sus gobiernos. Las sanciones de los estados siguen siendo en su inmensa mayoría estrictamente punitivas, y los desafortunados efectos secundarios quedan suficientemente manifiestos si observamos hasta qué punto proliferan el desorden interior y los conflictos internacionales. Constituye un serio problema el que sigamos casi constantemente en guerra con otras naciones, pero apenas avanzaremos nada denunciando "las tensiones que conducen a la guerra", o apaciguando los espíritus belicosos, o cambiando las mentalidades humanas (que, según la UNESCO, son la fuente de las guerras). Lo que hay que cambiar son las circunstancias bajo las cuales las personas y las naciones hacen la guerra.

También nos puede desconcertar el hecho de que muchos jóvenes trabajen lo menos posible, o que los trabajadores no siempre sean eficaces o cumplidores, o que los productos con frecuencia tengan muy poca calidad, pero no conseguiremos nada intentando fomentar "el sentido del trabajo bien hecho o el orgullo en el trabajo propio", o bien "un sentido de la dignidad del trabajo"; o cuando las habilidades y destrezas forman parte del orgullo de casta, modificando "la resistencia emocional profunda del *superego* de casta", como un autor ha expresado. Algo falla con relación a las contingencias que inducen a las personas a trabajar industriosa y cuidadosamente. (También son erróneas otras clases de contingencias económicas).

Walter Lippmann ha dicho que "la interrogante suprema a la que se enfrenta la humanidad" consiste en averiguar cómo el ser humano puede salvarse a sí mismos de la catástrofe que le amenaza[6]. Pero para encontrar respuesta tenemos que hacer algo más que descubrir cómo podemos "querer salvarnos a nosotros mismos y ser capaces de conseguirlo". Debemos dirigir nuestra atención hacia las contingencias que inducen a las personas a actuar, para incrementar las probabilidades de supervivencia de las respectivas culturas que componen la humanidad. Disponemos de las tecnologías física, biológica y conductual necesarias "para salvarnos a nosotros mismos"; el problema consiste en conseguir que las personas las usen. Es posible que "la utopía sea tan sólo cuestión de desearla", pero ¿qué significa esto? ¿Cuáles son las características específicas principales, de una cultura que sobrevivirá, que inducen a sus miembros a trabajar por su supervivencia?

La aplicación de una ciencia de la conducta a la tarea de diseñar una cultura es un propósito ambicioso, en el que con frecuencia se piensa como algo utópico en el sentido peyorativo de la palabra, y puede ser interesante comentar algunas razones que justifican este escepticismo. Se asegura con frecuencia, por ejemplo, que existen diferencias fundamentales entre el mundo real y el laboratorio en el que la conducta es sometida a análisis. Lo que en el laboratorio es amañado, en el mundo real es natural; lo que en el laboratorio es simple, en el mundo real es complejo; mientras que los procesos sometidos a observación en el laboratorio muestran un orden, la conducta fuera de él tiene como una de sus características peculiares la confusión. Estas diferencias son reales, pero puede que desaparezcan conforme vaya avanzando una ciencia de la conducta, y aun ahora, con frecuencia, no deben ser consideradas seriamente.

La diferencia entre condiciones arbitrarias y naturales no es tan seria como a primera vista pudiera pensarse. Puede que sea natural para una paloma picotear las hojas y encontrar trocitos de alimento bajo algunas de ellas, en el sentido de que las contingencias son partes típicas del ambiente en el cual la paloma evolucionó. Picotear un disco iluminado y recibir comida en un compartimento colocado bajo el disco, constituye una contingencia que obviamente no podemos calificar de natural para una paloma. Pero, aunque el equipo de programación en el laboratorio fuese adaptado para disponer hojas y semillas de forma natural, los programas de reforzamiento podrían ser idénticos. El programa natural es el programa de "razón variable" de laboratorio, y no existe razón alguna para dudar de que la conducta quede afectada por él de la misma forma bajo ambas condiciones. Cuando los efectos del programa son estudiados con equipo programado, comenzamos entonces a entender la conducta observada en la naturaleza, y cuanto más complejas han sido las contingencias de reforzamiento estudiadas en el laboratorio, tanta más luz se arroja sobre las contingencias naturales.

Lo mismo podemos asegurar por lo que a la simplificación se refiere. Toda ciencia experimental simplifica las condiciones bajo las que opera, particularmente en las primeras etapas de una investigación. Un análisis de la conducta comienza, naturalmente, con organismos simples que se comportan de forma simple en contextos simples. Cuando aparece un grado razonable de ordenación, las situaciones pueden hacerse más complejas. Avanzamos solamente a la velocidad que el éxito permite, y el progreso con frecuencia no parece suficientemente rápido. La conducta es un terreno descorazonador por causa del contacto tan estrecho que con ella mantenemos. Los primitivos físicos, químicos y biólogos pudieron disfrutar de un cierto género de protección natural frente a la complejidad de sus campos de investigación; no se dejaron afectar por gran cantidad de hechos relevantes. Pudieron seleccionar algunas pocas cosas muy concretas para someterlas a estudio, y olvidarse del resto de la naturaleza, bien por ser irrelevantes, bien por quedar claramente fuera de su alcance. Si Gilbert o Faraday o Maxwell hubieran podido echarle un rápido vistazo a cuanto hoy se sabe con respecto a la electricidad, habrían tenido mucha más dificultad en encontrar puntos de partida, así como en formular principios que no parecieran "sobresimplificados". Afortunadamente para ellos, mucho de lo que ahora se conoce en sus campos respectivos es el resultado de la investigación y sus aplicaciones tecnológicas, y nadie necesitó someterlas a consideración hasta que las formulaciones estuvieran ya bien avanzadas. El científico de la conducta no ha tenido semejante suerte. Se da demasiada cuenta de su propia conducta, como parte de su objeto de estudio. Sutiles percepciones, jugarretas que hace la memoria, la vaguedad de los sueños, la solución a ciertos problemas mediante aparentes intuiciones..., estos y otros muchos aspectos de la conducta humana exigen insistentemente que se les preste atención. Resulta mucho más difícil llegar a precisar un punto de partida claro y concreto, y llegar a formulaciones que no parezcan excesivamente simples.

La interpretación del complejo mundo de los asuntos humanos, en términos de un análisis experimental, es sin duda simplificado en exceso muy a menudo. Las exigencias han sido exageradas, y las limitaciones descuidadas. Pero la sobresimplificación más grave estriba realmente en el recurso tradicional a estados mentales, sentimientos y otros aspectos de la persona autónoma que están siendo reemplazados por un análisis conductual. La facilidad con que las explicaciones mentalistas pueden inventarse sobre la marcha es quizá la mejor indicadora de la escasa atención que les deberíamos prestar. Y lo mismo podríamos afirmar de las prácticas tradicionales. La tecnología que ha surgido a partir de un análisis experimental debería ser evaluada solamente en comparación con lo conseguido por otros procedimientos. Después de todo, ¿qué valoración nos podrán merecer el buen juicio no científico o pre-científico, el sentido común o las convicciones obtenidas por experiencia personal? O ciencia o nada, y la única solución a la simplificación consiste en aprender a manejar la complejidad.

Una ciencia de la conducta todavía no está preparada para solucionar todos nuestros problemas, pero en cualquier caso se trata de una ciencia en marcha, y sus últimos resultados todavía no pueden ser juzgados. Cuando sus críticos aseguran que no tiene respuesta para este o aquel aspecto o problema de la conducta humana, implican normalmente que esta ciencia nunca la tendrá, pero el análisis continúa desarrollándose y está efectivamente mucho más avanzado de lo que esos críticos creen.

Lo importante no es tanto saber cómo solucionar un problema determinado, sino cómo buscar una solución. Los científicos que abordaron al presidente Roosevelt con el propósito de construir una bomba de tal potencia que pudiera terminar en muy pocos días la Segunda Guerra Mundial, no pudieron decir cómo debería construirse. Todo lo que fueron capaces de decir era cómo podían descubrirlo. Los problemas conductuales que hay que resolver en el mundo hoy día son, sin duda, más complejos que el uso práctico de la desintegración del átomo, y la ciencia básica de la conducta no está ni mucho menos tan avanzada como estaba la ciencia atómica, pero ya conocemos el punto de partida para empezar a buscar soluciones.

La propuesta de diseñar una cultura con la ayuda de un análisis científico provoca con frecuencia profecías casándricas* y apocalípticas. La cultura no resultará de acuerdo con los planes, y las consecuencias imprevistas pueden ser catastróficas. Muy rara vez se aducen pruebas que puedan llegar a demostrar lo fundado de estos temores, posiblemente porque la historia parece estar de parte del fracaso: muchos planes han salido mal, y justamente, quizá, por haber sido planeados. La amenaza implícita en una cultura previamente diseñada, decía Mr. Krutch, es que lo espontáneo "puede que no vuelva a surgir jamás[7]". Pero resulta de difícil justificación poner tal fe en lo puramente casual. Es cierto que lo casual ha sido responsable casi de todo lo que la humanidad ha alcanzado hasta la fecha, y sin duda alguna continuará contribuyendo a los

* *N. del E.:* en la mitología griega, sacerdotisa que profetizó la destrucción de Troya.

logros humanos, pero no tiene valor alguno un accidente como tal. También lo espontáneo sale con frecuencia mal. La idiosincrasia de un gobernante receloso que considera cualquier disturbio como una ofensa personal, dirigida directamente contra él, puede tener un valor accidental de supervivencia si la ley y el orden se mantienen, pero las estrategias militares de un líder paranoico tienen la misma procedencia y pueden tener, en cambio, efectos muy distintos. La actividad industrial que surge de la búsqueda desenfrenada de felicidad puede tener un valor accidental de supervivencia cuando súbitamente se necesita material de guerra, pero puede también suceder que agote los recursos naturales o que contamine el ambiente.

Si una cultura planificada significara necesariamente uniformidad, o una reglamentación estricta, puede que, efectivamente, impidiera cualquier clase de evolución ulterior. Si las personas fueran mucho más parecidas, muy probablemente ocurrirían muchos menos hallazgos y tentativas de su parte para diseñar prácticas nuevas, y una cultura que convirtiera a las personas en seres tan iguales como fuera posible, podría deslizarse hacia un molde único del cual resultara muy difícil escapar. Esta planificación cultural sería perniciosa, pero si lo que queremos conseguir es cierta variedad, no deberíamos volver a lo puramente accidental. Muchas culturas accidentales han quedado indeleblemente marcadas por la uniformidad y la reglamentación. Las exigencias administrativas en sistemas gubernamentales, religiosos o económicos, engendran uniformidad puesto que ésta simplifica el problema del control. Los establecimientos de educación tradicionales especifican precisamente lo que el estudiante debe aprender en cada edad, y lleva a cabo pruebas y exámenes para asegurarse de que esas especificaciones se cumplen. Los códigos políticos o religiosos son normalmente muy explícitos y apenas dejan lugar para la diversidad o el cambio. La única esperanza estriba en la diversificación *planificada*, que reconoce la importancia de la variedad. La reproducción de animales y plantas se mueve hacia la uniformidad cuando la uniformidad es importante (como, por ejemplo, al simplificar injertos o cruces, en agricultura y entre animales, respectivamente), pero también ello exige una diversidad planificada.

La planificación no elimina por completo accidentes útiles. Durante miles de años las personas han utilizado fibras (tales como el algodón, la lana o la seda) procedentes de fuentes que fueron accidentales, en el sentido de que eran productos de contingencias de supervivencia no estrechamente relacionadas con las contingencias que las convertirían en algo útil para las personas. Las fibras sintéticas, por otra parte, están explícitamente planeadas: se tiene en cuenta su utilidad. Pero la producción de fibras sintéticas no convierte en menos probable la evolución hacia nuevas clases de algodón, lana o seda. Los accidentes todavía siguen dándose, y, en verdad, son fomentados por cuantos investigan nuevas posibilidades. Se podría decir que la ciencia enfatiza al máximo los accidentes. El físico no se cierra a sí mismo estudiando las temperaturas que accidentalmente tienen lugar en el mundo como tal, sino que él mismo produce una serie continua de temperaturas que cubren toda una amplia gama, desde las más bajas a las más altas. El científico de la conducta no se limita a sí mismo a los programas de reforzamiento que se producen en la naturaleza, sino que construye una gran variedad de programas, algunos de los cuales muy posiblemente jamás hubieran llegado a producirse por accidente. La naturaleza accidental de un accidente no tiene valor alguno. Una cultura se desarrolla conforme van apareciendo nuevas prácticas y son éstas sometidas a selección, y no podemos esperar a que las encontremos por casualidad[8].

Otra clase de oposición a la elaboración de un nuevo diseño cultural podría quedar expresada de esta manera: "No me gustaría", o para traducirlo, "la cultura sería aversiva y no me reforzaría de la forma a la que estoy acostumbrado". La palabra "reforma" no suena bien, porque queda asociada normalmente con la destrucción de reforzadores —"los Puritanos han abatido los árboles adornados de cintas y el palo en que los niños montan a caballo ha quedado olvidado"—, pero la planificación de una nueva cultura es necesariamente una clase de re-forma, y casi necesariamente significa un cambio de reforzadores. Eliminar una amenaza, por ejemplo, significa eliminar la emoción de la huida; en un mundo mejor nadie pensará necesariamente en términos de "coger esta flor, seguridad... No toques esta ortiga, peligro". El valor reforzador del descanso, la distracción y el placer del ocio, necesariamente queda debilitado cuando el trabajo se convierte en algo menos obligado. Un mundo en el que no se dé la necesidad de la lucha moral, no ofrecerá ninguno de los reforzamientos de un desenlace feliz. Ningún converso a una religión experimentará la alegría del Cardenal Newman al quedar libre de "la presión de una gran ansiedad". El arte y la literatura no se basarán por más tiempo en tales contingencias. No solamente no tendremos razón en lo sucesivo para admirar a las personas que soportan el sufrimiento, que afrontan el peligro o luchan por ser buenas; es posible que ya no nos interesen más los cuadros o los libros sobre ellos. El arte y la literatura de una nueva cultura se referirán a otras cosas.

Estos cambios son prodigiosos, y, naturalmente, les prestamos cuidadosa atención. El problema estriba en diseñar un mundo que sea del agrado, no de las personas como ellas son en la actualidad, sino de las que vayan a vivir en él. "No me gustaría" es la queja del individualista que querría hacer prevalecer indefinidamente sus propias susceptibilidades al reforzamiento como valores establecidos. Un mundo que fuera del agrado de las personas que lo habitan no haría sino perpetuar el statu quo. Sería del agrado de las personas porque a ellas se las habría enseñado a ello, y por razones que no siempre resisten un riguroso análisis. Un mundo mejor será del agrado de cuantos vivan en él porque habrá sido moldeado con la atención puesta en lo que es, o pueda ser, más reforzante.

Una ruptura total con el pasado es imposible. El planificador de una nueva cultura siempre permanecerá estando ligado a ciertos factores culturales, puesto que él mismo no será capaz de inhibirse enteramente de las tendencias que hayan sido engendradas por el ambiente social en el que ha vivido. Hasta cierto punto, planificará necesariamente un mundo que a *él* le guste. Más aún, la nueva cultura deberá despertar el interés de todos aquellos que la hayan de adoptar, y éstos son inevitablemente productos de una cultura anterior. Dentro de estos límites prácticos, sin embargo, debería ser posible reducir al mínimo el efecto de las características accidentales de las culturas prevalecientes y volver a las fuentes de las cosas que las personas denominan buenas. Las últimas fuentes deben encontrarse en la evolución de la especie y en la evolución de la cultura.

Se dice a veces que la planificación científica de una cultura es algo imposible porque las personas jamás aceptarán ser controladas. Dostoievski afirmó que,

> "aunque fuera posible llegar a demostrar que la conducta humana está totalmente determinada, el hombre todavía haría algo por pura perversidad —provocaría destrucción y caos— simplemente para demostrarse a sí mismo que sigue siendo libre... Y si todo esto pudiera entonces ser analizado y previsto mediante la predicción de lo que hubiera de ocurrir, entonces el hombre se volvería loco para poder demostrarse a sí mismo que sigue siendo libre[9]".

En esto queda implícita la posibilidad de que entonces la persona quedaría fuera de todo control, como si la locura fuera una forma especial de libertad, o como si la conducta de un psicótico no pudiera predecirse en modo alguno ni ser controlada.

En cierto sentido, puede que Dostoievski tuviera razón. Una literatura de la libertad puede llegar a inspirar una oposición suficientemente fanática a las prácticas de control como para provocar una respuesta neurótica, si no psicótica. Se dan indicios de inestabilidad emocional en aquellos que han quedado profundamente afectados por la literatura de la libertad. No tenemos mejor indicación del aprieto en que se encuentra el libertario tradicional ante estos criterios, que la acritud con que discute la sola posibilidad de una ciencia y una tecnología de la conducta, y la utilización de ambas de cara a la planificación intencional de una cultura. Etiquetar es práctica frecuente: Arthur Koestler se ha referido al conductismo como a una "trivialidad monumental[10]". Representa —dice—, "buscar tres pies al gato a gran escala". Ha situado la psicología dentro de "una versión moderna de las épocas oscurantistas". Los conductistas utilizan "una jerga pedante", y el reforzamiento es "una palabra fea". El equipo utilizado en el laboratorio operante, un "artefacto". Peter Gay, cuya investigación seria sobre la Ilustración del siglo XVIII le debería haber predispuesto hacia un interés moderno por la planificación cultural, ha hablado, sin embargo, de "la innata ingenuidad, la bancarrota intelectual y la crueldad semi-deliberada del conductismo[11]".

Otro síntoma es una especie de ceguera con respecto al estado actual de la ciencia. Koestler ha dicho que "el experimento más impresionante sobre la "predicción y control de la conducta" consiste en entrenar palomas, por medio del condicionamiento operante, para pavonearse con sus cabezas erguidas de forma enteramente artificial". Y parafrasea la "teoría de aprendizaje" de la siguiente forma:

> "De acuerdo con la doctrina conductista, todo aprendizaje tiene lugar según el método del buscar a ciegas o ensayo y error. La respuesta correcta a un estímulo dado es acertada por casualidad y tiene un efecto satisfactorio, o técnicamente, es reforzante. Si el reforzamiento es vigoroso o se repite con suficiente frecuencia, la respuesta quedará 'troquelada' y se formará una relación E-R, es decir, un eslabón estímulo-repuesta".

Estas opiniones se encuentran desfasadas, aproximadamente, unos setenta años.

Otras malas interpretaciones frecuentes incluyen las afirmaciones de que un análisis científico concibe toda conducta como respuestas a estímulos, como "asunto todo él de reflejos condicionados", o bien que no reconoce contribución alguna de la dotación genética a la conducta, y que ignora la consciencia. (Ya veremos en el próximo capítulo hasta qué punto son responsables los conductistas de haber provocado la más vigorosa discusión con respecto a la naturaleza y el uso de lo que se denomina consciencia). Afirmaciones de esta especie provienen con frecuencia del campo de las humanidades, un campo en otro tiempo caracterizado por su erudición; pero le resultará muy difícil al historiador del futuro reconstruir la actual ciencia y tecnología de la conducta a partir de lo que sus críticos han afirmado y escrito.

Otra práctica frecuente consiste en achacar al conductismo todos nuestros males. Esta práctica tiene una larga historia; los romanos culpaban a los cristianos, y los cristianos a los romanos, de los terremotos y la pestilencia. Pero seguramente nadie ha ido tan lejos en culpar a una concepción científica del ser humano, de todos los serios problemas que nos amenazan hoy día, como un escritor anónimo en el londinense *Times Literary Supplement*:

> "Durante el último medio siglo nuestros diversos líderes intelectuales nos han condicionado (la misma palabra es un producto del conductismo) a contemplar el mundo en términos cuantitativos y encubiertamente deterministas. Filósofos y psicólogos por igual han minado todas nuestras antiguas suposiciones con respecto al libre albedrío y la responsabilidad moral. La única realidad —se nos ha enseñado a creer— descansa en el orden físico de las cosas. No somos los iniciadores de la acción; simplemente reaccionamos a una serie de estímulos externos. Solamente en años recientes hemos comenzado a comprender hacia dónde nos está llevando esta cosmovisión: a los horribles sucesos de Dallas y Los Ángeles[12]".

En otras palabras, el análisis científico de la conducta humana fue el responsable de los asesinatos de John y Robert Kennedy. Un fraude de esta magnitud parece confirmar la predicción de Dostoievski. El asesino político tiene una historia excesivamente larga como para que haya sido inspirado por una ciencia de la conducta. Si hay que culpara alguna teoría, ésta será, ciertamente, la teoría universal del ser autónomo, completamente libre y digno.

Existen, por supuesto, buenas razones que justifican por qué se dan resistencias contra el control de la conducta humana. Las técnicas más comunes son aversivas, y es de esperar, por tanto, cierta clase de contracontrol. El controlado puede ponerse fuera de alcance (el controlador intentará que no suceda así), o puede atacar, o de hecho han surgido diversas formas de ataque como pasos importantes en la evolución de las culturas. Así, por ejemplo, los miembros de un grupo establecen el principio de que no es bueno utilizar la fuerza, y castigan a aquellos que sí se comporten con cualesquiera medios a la mano. Los gobiernos codifican el principio y califican de ilegal el uso de la fuerza, y las religiones lo consideran pecaminoso, y tanto unos como otros elaboran contingencias para suprimirlo. Cuando los controladores recurren a métodos que son no aversivos, pero que tienen consecuencias aversivas diferidas, surgen entonces principios adicionales. El grupo califica de malo el controlar por medio del engaño, por ejemplo, y se siguen consiguientemente sanciones gubernamentales o religiosas.

Hemos visto cómo las literaturas de la dignidad y la libertad han propagado estas medidas de contracontrol en un esfuerzo por suprimir toda práctica de control, aun cuando no tengan consecuencias aversivas O tengan Opuestas consecuencias reforzantes. Al planificador de una cultura se le somete a ataque porque la planificación explícita implica control (aunque sólo sea el control que ejerce el planificador). El problema queda con frecuencia formulado mediante la pregunta: ¿Quién ha de controlar? Y la pregunta queda normalmente planteada como si la respuesta hubiera de ser necesariamente amenazante. Para prevenir el mal uso del poder de controlar, sin embargo, no debemos atender tanto al controlador mismo cuanto a las contingencias bajo las cuales éste ejercite ese control.

Quedamos confundidos por las diferencias entre las diversas medidas de control en lo que a su claridad se refiere. El esclavo egipcio, cortando piedra en una cantera, con destino a una pirámide, trabajaba bajo la supervisión de un soldado con látigo, al cual se le pagaba, precisamente para blandir el látigo, por parte de un capataz; al capataz, a su vez, le pagaba el Faraón. Al Faraón le habían convencido de la necesidad de construir una tumba inviolable los sacerdotes, quienes esgrimían estos argumentos con el fin de conseguir y conservar sus privilegios sacerdotales y el poder de ellos derivado. Y así sucesivamente. Un látigo es un instrumento de control más obvio que un salario, y los salarios son más evidentes que los privilegios sacerdotales, y los privilegios son más obvios que la perspectiva de una vida futura próspera. Se dan diferencias relacionadas en los resultados. El esclavo escapará, si puede, el soldado o el trabajador asalariado dimitirán o plantearán un paro laboral si las contingencias económicas son demasiado débiles; el Faraón se deshará de los sacerdotes y comenzará una nueva religión si sus arcas merman excesivamente, y los sacerdotes concederán su apoyo a algún rival. Tendemos con probabilidad a singularizar los ejemplos obvios de control, porque, en su crudeza y claridad de efecto, parecen comenzar algo, pero es una gran equivocación ignorar otras formas de control que no resultan obvias.

La relación entre el controlador y el controlado es reciproca. El científico, en el laboratorio, al estudiar la conducta de una paloma, planifica las contingencias y observa sus efectos. Su aparato ejerce un control evidente sobre la paloma, pero no debemos pasar por alto el control ejercido por la paloma. La conducta de la paloma ha determinado el diseño del aparato y el procedimiento usado. Algún tipo de control recíproco es siempre característico de toda ciencia. Como Francis Bacon lo expresó, la naturaleza, para ser dominada, debe ser obedecida. El científico que maneja el ciclotrón queda bajo el control de las partículas que estudia. La conducta con la que un padre controla a su hijo, sea aversivamente, sea por medio de reforzamiento positivo, queda afectada y mantenida por las respuestas del niño. Un psicoterapeuta cambia la conducta de su paciente con los recursos que han quedado afectados y mantenidos en virtud del éxito obtenido al cambiar esa conducta. Un gobierno o una religión prescriben e imponen sanciones seleccionadas de acuerdo con su eficacia en el control de los ciudadanos o de los fieles. Un patrono induce a sus empleados a trabajar industriosa y cuidadosamente mediante sistemas de salarios determinados por sus efectos sobre la conducta. La actuación en clase del maestro queda afectada y mantenida por los efectos obtenidos sobre sus estudiantes. En un sentido muy real, por consiguiente, el esclavo controla al capataz de esclavos, el niño al padre, el paciente al terapeuta, el ciudadano al gobierno, el feligrés al párroco, el empleado al patrono y el estudiante a su maestro,

Es cierto que el físico diseña un ciclotrón precisamente para controlar la conducta de determinadas partículas subatómicas; las partículas no se comportan de forma característica para obligar al físico a que se comporte así. El capataz de esclavos utiliza el látigo para conseguir que el esclavo trabaje; el esclavo no trabaja para inducir al capataz a que use el látigo. La intención o propósito implicado en la frase "para" o "con el fin de" se refiere a la medida en que las consecuencias son eficaces para alterar la conducta, y, por tanto, al grado en que deben tenerse en cuenta para explicar esa conducta. La partícula no queda afectada por las consecuencias de su acción, y no existe razón alguna por la que debamos hablar de su intención o propósito, pero el esclavo sí puede que quede afectado por las consecuencias de sus actos. El control recíproco no es necesariamente intencional en ambas direcciones, pero si llega a serlo cuando las consecuencias se hacen sentir. Una madre aprende a coger y mecer al niño para conseguir que éste deje de llorar; y puede aprender a comportarse así antes de que el niño aprenda a llorar para ser tomado en brazos y mecido. Durante un tiempo, sólo la conducta de la madre es intencional, pero es posible que la conducta del niño también llegue a serlo.

El modelo arquetípico de control en bien del controlado lo constituye la figura del dictador benevolente, pero no es suficiente explicación decir que actúa de modo benevolente porque sea benevolente o porque *se sienta* benevolente; y permanecemos naturalmente a la expectativa en tanto no podamos detectar las contingencias que generan esa conducta benevolente. Los sentimientos de benevolencia o compasión puede que acompañen tal conducta, pero pueden también surgir de condiciones irrelevantes. No son, por tanto, una garantía de que el controlador necesariamente controlará adecuadamente, bien con respecto a sí mismo, bien con respecto a otros, por el hecho de que se sienta inclinado a la compasión. Se cuenta que Ramakrishna, yendo de paseo con un amigo rico, quedó fuertemente impresionado por la pobreza de algunos campesinos. Dijo a su amigo: "Dale a esta gente algo para vestirse y una buena comida a cada uno, y un poco de aceite para sus cabezas". Cuando al principio su amigo rehusó semejante petición, Ramakrishna rompió en llanto. "Miserable" —le dijo— "...voy a quedarme a vivir con estas gentes. A nadie tienen que cuide de ellos. No les abandonaré[13]". Observamos que Ramakrishna estaba preocupado, no por la situación espiritual de los campesinos, sino más bien por la ropa, la comida y la protección contra el sol. Pero sus sentimientos no eran un subproducto de una acción eficaz; con todo el poder de su *samadhi* nada tenía que ofrecer sino compasión. Aunque las culturas avanzan a través de personas cuya sabiduría y compasión pueden llegar a proporcionar claves de acción, presentes o futuras, hay que señalar que el progreso último procede del ambiente que convierte a esas personas en sabias o compasivas.

El gran problema estriba en crear un efectivo contracontrol y, consecuentemente, hacer surgir algunas consecuencias importantes que afecten a la conducta del controlador. Algunos ejemplos clásicos de la falta de equilibrio entre control y contracontrol surgen cuando el control es delegado y el contracontrol, por tanto, se convierte en ineficaz. Los hospitales para psicóticos o centros para personas con discapacidad intelectual, o ancianos son notorios por su débil contracontrol, pues aquellos que se preocupan por el bienestar de tales personas con frecuencia desconocen lo que sucede. Las cárceles ofrecen muy poca oportunidad para el contracontrol, como lo indican las medidas de control más frecuentes. El control y el contracontrol tienden al desequilibrio tan pronto como se hacen cargo del control instituciones organizadas. Las contingencias informales están sujetas a rápidos ajustes conforme cambian sus efectos, pero las contingencias que las organizaciones abandonan en manos de los especialistas pueden permanecer no afectadas por muchas de las consecuencias. Aquellos que pagan por la educación, por ejemplo, pueden perder contacto con lo que se enseña y con los métodos utilizados en la enseñanza. El profesor queda sujeto tan sólo al contracontrol ejercido por el estudiante. Como resultado de todo ello, una escuela puede convertirse en algo totalmente autocrático o anárquico, y lo que se enseña puede quedar anticuado conforme el mundo va cambiando, o quedar reducido simplemente a aquellas materias que los estudiantes consientan estudiar. Se da un problema similar en la jurisprudencia, cuando leyes que ya carecen de todo valor apropiado para las prácticas de la comunidad, se siguen manteniendo en vigor. Las reglas nunca generan conducta exactamente apropiada a las contingencias de las que se deducen, y la discrepancia es cada día mayor si las contingencias: cambian mientras las reglas permanecen invioladas. De modo semejante, los valores impuestos sobre los bienes de consumo por empresas económicas, pueden perder su correspondencia con los efectos reforzantes de los bienes, conforme estos últimos van cambiando. En resumen, una institución organizada que permanece insensible a las consecuencias de sus prácticas no queda sujeta a ninguna forma importante de contracontrol.

El autogobierno parece con frecuencia solucionar este problema al identificar controlador y controlado. El principio de convertir «al controlador en miembro del grupo que controla debería aplicarse también al planificador de una cultura. Una persona que planea o diseña un mecanismo cualquiera para su propio uso, seguramente tiene en cuenta los intereses del usuario, y la persona que diseña un ambiente social en el cual ella misma ha de vivir, seguramente hará lo mismo. Seleccionará bienes o valores que son importantes para él y estructurará la clase de contingencias a las que él mismo puede llegar a adaptarse. En una democracia, el controlador se encuentra entre los controlados, aunque se comporte de forma diversa en ambos papeles. Más tarde veremos en qué sentido podemos afirmar que una cultura se controla a sí misma, de igual modo que un hombre se controla a sí mismo, pero el proceso exige un análisis cuidadoso.

La planificación intencional de una cultura, con la implicación de que la conducta debe ser controlada, se considera a veces ética o moralmente errónea. La ética y la moral se preocupan particularmente de hacer entrar en juego las consecuencias más remotas de la conducta. Existe una moralidad de consecuencias naturales. ¿Cómo debe una persona abstenerse de comer deliciosos manjares si más tarde habrán de ponerlo enfermo? ¿O cómo debe someterse al dolor o al agotamiento si debe soportarlos para salvarse? Las contingencias sociales es mucho más probable que planteen problemas morales y éticos (como hemos ya indicado los términos se refieren a las costumbres de los grupos). ¿Cómo deberá una persona abstenerse de apropiarse de bienes que pertenecen a otras, de forma que evite el castigo que en ese caso se seguiría? ¿O cómo deberá afrontar el dolor y el agotamiento para conseguir la aprobación de los demás[14]?

El problema práctico, que va hemos considerado, consiste en determinar cómo se puede conseguir que las consecuencias remotas sean eficaces. Sin ayuda ajena, una persona adquiere muy poca conducta moral o ética lo mismo bajo contingencias naturales que sociales. El grupo proporciona contingencias de apoyo cuando describe sus prácticas en códigos o reglas, que advierten al individuo cómo debe comportarse, y cuando aumenta la eficacia de esas reglas mediante contingencias suplementarias. Máximas, proverbios y otras formas de sabiduría popular, proporcionan a la persona razones para obedecer esas reglas. Los gobiernos y las religiones formulan las contingencias que ellos propugnan en cierta forma más explícita, y la educación imparte reglas que hacen posible satisfacer tanto las contingencias naturales como las sociales sin quedar directamente expuesto a ellas.

Todo esto forma parte del ambiente social que llamamos una cultura, y el principal efecto, como ya hemos visto, consiste en someter al individuo al control de las consecuencias más remotas de su conducta. Este efecto ha tenido valor de supervivencia en el proceso de evolución cultural, puesto que las prácticas evolucionan porque aquellos que las practican quedan en mejores condiciones como consecuencia de ello. Se da un cierto género de moralidad natural tanto en la evolución biológica como en la cultural. La evolución biológica ha conseguido que la especie humana consiga un más alto grado de sensibilidad a su ambiente y más habilidad en su relación con él. La evolución cultural queda posibilitada por la evolución biológica, y ha llevado al organismo humano bajo un control del ambiente mucho más extenso.

Decimos que hay algo de "moralmente erróneo" en un Estado totalitario, en un negocio de juego, en un sistema incontrolado de salarios a destajo, en la venta de drogas dañosas, o en una influencia personal indebida, no por causa de algún conjunto absoluto de valores, sino porque todas esas cosas tienen consecuencias aversivas. Las consecuencias son diferidas, y una ciencia que clarifique su relación con la conducta, se sitúa en la mejor posición posible para poder especificar un mundo mejor en un sentido ético o moral. No es cierto, por tanto, que el científico empírico deba negar que pueda existir "cualquier preocupación científica con valores y metas desde el punto de vista político o humano", o que la moralidad, la justicia y el orden legal queden "más allá de la supervivencia".

Un valor especial en la práctica científica también es relevante[15]. El científico trabaja bajo contingencias que reducen al mínimo los reforzadores personales inmediatos. No hay científicos "puros", en el sentido de que puedan quedar fuera del alcance de los reforzadores inmediatos, pero otras consecuencias de su conducta juegan un papel importante. Si planifica un experimento en una dirección determinada, o si detiene otro experimento en un momento concreto, porque el resultado confirmará una teoría que lleve su propio nombre, o porque tendrá aplicaciones industriales que le proporcionarán cuantiosos ingresos, o porque impresionará a las organizaciones que financian su investigación, entonces casi seguro tendrá complicaciones y problemas. La publicación de los resultados de la investigación por parte de los científicos queda sujeta al control inmediato de los demás, y el científico que se deja dominar por consecuencias que no son parte integrante de su especialidad, muy probablemente se meterá en líos. Asegurar, por tanto, que los científicos tienen un sentido ético o moral mayor que el de las demás personas, o que tienen ese mismo sentido ético más delicadamente desarrollado, es cometer el error de atribuir al científico lo que en realidad no es sino una característica del ambiente en el que trabaja.

Casi todos emitimos juicios éticos o morales, pero esto no significa que la especie humana tenga "una necesidad o exigencia innata de categorías éticas[16]", (Por la misma razón podríamos también afirmar que tiene la necesidad o exigencia innata de comportarse de modo no ético, puesto que casi todos nos comportamos de forma no ética en un momento u otro de nuestra vida). El ser humano no se ha desarrollado como un animal ético o moral. Se ha desarrollado, eso sí, hasta el punto de construir una cultura ética o moral. Y se diferencia de los demás animales, no en poseer un sentido moral o ético, sino más bien por haber sido capaz de generar un ambiente social moral o ético.

La planificación intencional de una cultura y el control de la conducta humana que ello implica, son esenciales si la especie humana quiere seguir desarrollándose. Ni la evolución biológica ni la cultura son garantía alguna de que inevitablemente estemos avanzando hacia un mundo mejor. Darwin cerraba su *Origen de las especies* con una frase famosa: "Y puesto que la selección natural opera solamente por y para el bien de cada ser, todo ambiente corporal y mental tenderá a progresar hacia la perfección". Y Herbert Spencer aseguraba por su parte que "el desarrollo último del hombre ideal es lógicamente cierto[17]" (Medawar ha puesto de relieve el hecho de que Spencer cambió de opinión cuando la termodinámica pareció sugerir una clase diversa de término en el concepto de entropía). Tennyson compartía el optimismo escatológico de su época al apuntar a aquel "lejano acontecimiento divino hacia el cual la creación entera camina[18]". Pero las especies desaparecidas y las culturas deshechas hablan, En lugar a dudas, de la posibilidad de un parto frustrado.

El valor de supervivencia cambia conforme cambian las condiciones. Por ejemplo, durante un cierto tiempo fue extremadamente importante una vigorosa susceptibilidad al reforzamiento de parte de determinadas clases de alimentos, del contacto sexual o de la agresividad. Cuando la persona dedicaba buena parte del día a la búsqueda del alimento, resultaba de importancia el que aprendiera rápidamente dónde encontrarlo o cómo conseguirlo, pero con la llegada de la agricultura, los animales domésticos y los sistemas de almacenaje de alimentos, la ventaja se perdió y la capacidad para ser reforzado por el alimento conduce en la actualidad a sobrealimentación y enfermedad. Cuando las plagas del hambre y la pestilencia diezmaban frecuentemente la población, era importante procrear en toda oportunidad, pero con las mejoras en salubridad, medicina y agricultura, la susceptibilidad al reforzamiento sexual acarrea actualmente el efecto indeseado de la sobrepoblación. En un época en que la persona tenía que defenderse a sí misma de todo tipo de amenazas a su propiedad, de parte de animales o de otras personas, resultaba de importancia el que cualquier signo o indicio de daño contra quienes llevaban a cabo esas amenazas debiera reforzar la conducta que lograba tal efecto; pero con la evolución de la sociedad organizada, la susceptibilidad a tal tipo de reforzamiento ha perdido su importancia y quizás en la actualidad constituya más bien una rémora con respecto a más útiles relaciones sociales. Una de las funciones de la cultura consiste en corregir estas disposiciones innatas mediante el diseño de técnicas de control, y particularmente de autocontrol, que moderen los efectos del reforzamiento.

Aun en condiciones de estabilidad, una especie puede llegar a adquirir características de inadaptación o mala adaptación. El mismo proceso del condicionamiento operante nos proporciona un ejemplo. Una respuesta rápida al reforzamiento debe haber tenido valor de supervivencia, y muchas especies han alcanzado el punto en el cual un único ensayo de reforzamiento tiene un efecto sustancial. Pero cuanto más rápidamente aprende un organismo, tanto más vulnerable es a contingencias adventicias o causales. La aparición accidental de un reforzador vigoriza cualquier conducta que se esté llevando a cabo y la coloca bajo el control de estímulos presentes. El resultado lo tachamos de supersticioso[19]. Que sepamos, cualquier especie capaz de aprender, a partir de unos pocos reforzamientos, es vulnerable a desarrollar conductas supersticiosas, y las consecuencias son a menudo desastrosas. Una cultura corrige este defecto cuando idea procedimientos estadísticos que compensan los efectos de contingencias adventicias (casuales) y someten la conducta al control solamente de aquellas consecuencias que están funcionalmente relacionadas con ella.

Lo que hace falta es más control "intencional", no menos, y este es un problema importante de ingeniería. El bien de una cultura no puede funcionar como la fuente de reforzadores genuinos para el individuo, y los reforzadores construidos por las culturas para inducir a sus miembros a trabajar en pro de su supervivencia entran a menudo en conflicto con los reforzadores personales. La cantidad de personas explícitamente dedicadas a la mejora del diseño de automóviles, por ejemplo, debe exceder extraordinariamente al número de personas preocupadas con la mejora de las condiciones de vida en los barrios de chabolas. No es que el automóvil sea más importante que unas condiciones de vida, sino que más bien habría que decir que las contingencias económicas que inducen a mejorar la fabricación de automóviles son muy poderosas. Y surgen a partir de los reforzadores personales de aquellos que fabrican esos automóviles. Ningún reforzador, de fuerza comparable, estimula la ingeniería de la pura supervivencia de una cultura. La tecnología de la industria automovilística está también, por supuesto, mucho más avanzada que la tecnología de la conducta. Estos hechos subrayan simplemente la importancia de la amenaza planteada por las literaturas de la libertad y de la dignidad.

Una prueba sensible de hasta qué punto una cultura promueve su propio futuro la constituye su actitud ante el ocio[20]. Algunas personas tienen suficiente poder para forzar o inducir a otras a que trabajen por ellas, de tal modo que ellas mismas apenas tengan nada que hacer. Viven "a placer". Tal les sucede a cuantos viven en climas especialmente benignos. Y tal es el caso también de los niños, las personas con discapacidad intelectual o ciertos diagnósticos psiquiátricos, ancianos y personas dependientes. Igualmente, este es el caso de los miembros de sociedades opulentas y de la sociedad del bienestar. Todas estas personas aparecen como capaces de "hacer lo que les gusta hacer", y este es un objetivo natural del libertario. Este vivir hedónico es el culmen de la libertad.

La especie está preparada para breves períodos de placer; cuando queda la persona completamente saciada con una gran comilona, o cuando se ha eliminado con éxito un peligro, descansa o duerme, como hacen otras especies. Si la condición se prolonga un poco más, pueden entonces dedicarse a varias formas de juego —una conducta importante con consecuencias inmediatas joviales—. Pero el resultado es muy diferente cuando no hay nada que hacer durante largos períodos de tiempo. El león enjaulado en el zoo, bien alimentado y seguro, no se comporta como el león saciado en la jungla. Como el ser humano institucionalizado, se enfrenta al problema del ocio en su peor forma: no tiene nada que hacer. La ociosidad es una condición para la cual la especie humana apenas esta preparada, porque hasta muy recientemente sólo muy pocos podían disfrutar de ella, y esos pocos han contribuido de forma ínfima a la dotación genética común. Gran cantidad de personas pueden actualmente disfrutar de largos períodos de ociosidad, pero apenas se ha dado la posibilidad de que se seleccionen de modo eficaz características genéticas o pautas culturales relevantes en relación a ella.

Cuando reforzadores vigorosos dejan de ser eficaces, reforzadores menores les sustituyen. El reforzamiento sexual sobrevive aún en la abundancia o el bienestar, porque tiene directamente que ver con la supervivencia de la especie más que con la del individuo, y los logros del reforzamiento sexual no son cosa que nadie delegue en los demás. La conducta sexual, por tanto, adquiere especial relieve en este contexto de la ociosidad. Se pueden preparar o descubrir reforzamientos que sigan siendo eficaces, como los alimentos que continúan reforzando, aunque uno no esté hambriento, o estimulantes como el alcohol, la marihuana o la heroína, que resultan ser reforzantes por razones irrelevantes, o los masajes. Cualquier reforzador débil se transforma en poderoso cuando se encuentra adecuadamente programado, y el programa de razón-variable que encontramos en todo negocio de juego adquiere su pleno significado en la ociosidad. El mismo programa explica la afición del cazador, del pescador o del coleccionista, cuando lo que se caza, se pesca o se colecciona no tiene gran significación. En los juegos y deportes, las contingencias quedan de tal modo dispuestas que sucesos triviales adquieren extraordinaria importancia. Las personas que gozan de la ociosidad se convierten también en espectadores, contemplando la seria conducta de los demás, como fue el caso en el circo romano y lo sigue siendo en nuestros modernos partidos de fútbol, o en el teatro y en el cine, o escuchando o leyendo narraciones sobre la conducta seria de otras personas, como sucede en el cotilleo o en la literatura. Es muy escasa la contribución de esta conducta a la supervivencia personal o a la supervivencia de una cultura.

El ocio ha estado vinculado durante mucho tiempo a la productividad artística, literaria y científica. Cualquiera que pretenda dedicarse a estas actividades deberá poder disponer de tiempo, y solamente una sociedad razonablemente opulenta puede permitirse albergar en su seno a personas de esas características en cantidad apreciable. Pero la ociosidad por sí misma no fomenta necesariamente el arte, la literatura o la ciencia. Son necesarias condiciones culturales especiales. Cuantos se preocupan por la supervivencia de su cultura observarán cuidadosamente, por tanto, las contingencias que permanecen cuando las exigentes contingencias de la vida diaria han quedado atenuadas.

A menudo se asegura que una cultura opulenta puede permitirse el lujo de la ociosidad, pero no podemos estar tan seguros de ello. Es fácil para cuantos trabajan duramente el confundir un estado de ociosidad con el reforzamiento, en parte porque el primero acompaña con mucha frecuencia al segundo, y la felicidad, como la libertad, ha quedado vinculada durante mucho tiempo a la posibilidad de hacer lo que a uno le agrade; sin embargo, el efecto real sobre la conducta humana es muy posible que constituya una amenaza para la supervivencia de la cultura. El potencial enorme de todos aquellos que no tienen nada que hacer no puede pasarse por alto. Pueden ser constructivos o destructivos, con valor de conservación o con valor de destrucción. Pueden llegar al límite de sus capacidades o quedar convertidos en máquinas. Pueden prestar su apoyo a la cultura si quedan fuertemente reforzados por ella, o desertar de ella si la vida en su seno es tediosa. Puede que estén o no preparados para actuar eficazmente, tan pronto como esa situación de ociosidad toque a su fin.

Este problema de la ociosidad es uno de los grandes desafíos para cuantos se preocupan por la supervivencia de una cultura, porque cualquier intento por controlar lo que una persona hace, cuando no necesita hacer nada, será atacado con toda probabilidad por considerarse intromisión injustificada. La vida, la libertad y la búsqueda de felicidad se consideran derechos básicos. Pero constituyen derechos de los individuos, y fueron enumerados en cuanto tales, cuando las literaturas de la libertad y de la dignidad se preocuparon de la magnificación del individuo. Tienen sólo escasa trascendencia por lo que a la supervivencia de una cultura se refiere.

El planificador de una cultura no es un entrometido ni un intruso. No se interfiere para alterar un proceso natural, sino que es parte él mismo del proceso natural. Los genetistas, que consiguen cambiar las características de una especie seleccionando la procreación o cambiando genes, puede parecer que sean intrusos en la evolución biológica, pero actúan de esta forma precisamente porque su especie ha evolucionado hasta el punto de ser capaz de desarrollar una ciencia genética y una cultura que induce a sus miembros a tomar en cuenta el futuro de la especie.

Aquellos a quienes su cultura les ha inducido a actuar para prolongar su supervivencia mediante la planificación, deben aceptar el hecho de que están modificando las condiciones bajo las que viven las personas y, por consiguiente, están empeñados en el control de la conducta humana. Un buen gobierno es cuestión de control de la conducta humana tanto como un mal gobierno;

las buenas condiciones de incentivos económicos, tanto como la explotación; la buena enseñanza, tanto como las prácticas punitivas. Nada ganaríamos utilizando palabras más suaves. Si meramente nos contentamos con "influir" sobre las personas, no llegaremos mucho más allá del significado original de esta palabra —"un fluido etéreo que se cree proviene de las estrellas y que afecta las acciones de los hombres".

Atacar las prácticas de control es, por supuesto, una forma de contracontrol, Y sería inmensamente beneficioso si, como consecuencia de ello, llegáramos a seleccionar mejores prácticas de control. Pero las literaturas de la libertad y de la dignidad han cometido el error de suponer que están suprimiendo el control más que corregirlo. El control recíproco mediante el que una cultura se desarrolla queda, entonces, alterado. Rehusar el ejercicio del control a nuestro alcance, porque, en cierto sentido, todo control es malo, significa posiblemente desaprovechar formas importantes de contracontrol. Ya hemos visto algunas de las consecuencias. Así, de esta forma, las medidas punitivas, a cuya desaparición han contribuido, por otra parte, las literaturas de la libertad y la dignidad, son, por el contrario, fomentadas y promovidas. Una preferencia por métodos que convierten el control en algo oculto o invisible, o permiten que quede disimulado, ha condenado a cuantos se encuentran en posición de ejercitar un contracontrol constructivo, al uso de medidas débiles de control.

Esta podría ser una mutación cultural mortal. Nuestra cultura ha producido la ciencia y la tecnología que necesita para sobrevivir. Tiene la riqueza necesaria para la acción eficaz. Tiene también, en medida muy considerable, la preocupación por su propio futuro. Pero si continúa adoptando como su valor fundamental, no su propia supervivencia, sino la libertad y la dignidad, entonces es posible que alguna otra cultura contribuya de manera más eficaz a la construcción del futuro. El defensor de la libertad y la dignidad puede entonces que continúe, como el Satanás de Milton, diciéndose a sí mismo que tiene "una mentalidad que ni las circunstancias de tiempo ni de lugar serán capaces de alterar" y una identidad personal absolutamente suficiente[21]. (¿Qué importa dónde, si siempre seguirá siendo el mismo?"), pero, sin embargo, se encontrará a sí mismo en el infierno sin ningún otro consuelo que la ilusión de "al menos aquí seremos libres".

*

Una cultura se asemeja al espacio experimental utilizado en el estudio de la conducta. Constituye un conjunto de contingencias de reforzamiento, un concepto que ha comenzado a ser entendido sólo muy recientemente. La tecnología de la conducta que surge es neutral desde el punto de vista ético, pero cuando se aplica a la planificación de una cultura, la supervivencia de la cultura actúa como un valor. Aquellos a quienes se ha inducido a trabajar por la supervivencia de su cultura necesitan prever algunos de los problemas que exigirán solución, pero muchas características en uso de una cultura consiguen afectar de modo evidente su valor de supervivencia. Los diseños culturales que podemos encontrar en la literatura utópica recurren a ciertos principios simplificadores. Tienen el mérito de enfatizar el valor de supervivencia: ¿Funcionará la utopía? El mundo, a gran escala, es, por supuesto, mucho más complejo, pero los procesos son los mismos y las prácticas funcionan por las mismas razones. Sobre todo, se da la misma ventaja al establecer objetivos en términos de conducta. Frecuentemente genera rechazo la perspectiva de usar la ciencia en la planificación de una cultura. Se asegura que la ciencia es inadecuada. que su uso puede tener consecuencias desastrosas, que no producirá una cultura que sea del agrado de los miembros de otras culturas, y que, en cualquier caso, las personas rehusarán de una forma u otra dejarse controlar. El mal uso de una tecnología de la conducta es un asunto serio, pero la mejor forma de guardarnos de ello no consiste en prestar atención a los supuestos controladores, sino más bien a las contingencias bajo las cuales ellos ejercen ese control. Debemos examinar, no la benevolencia de un controlador, sino las contingencias bajo las cuales ejerce su control benevolente. Todo control es recíproco, y el intercambio entre control y contracontrol resulta esencial en la evolución de una cultura. Las literaturas de la libertad y la dignidad alteran el equilibrio de ese intercambio o reciprocidad, pues entienden el contracontrol como la supresión, y no como la corrección, de prácticas de control. El efecto podría ser mortal. A pesar de sus muchas ventajas, nuestra cultura puede que tenga un defecto fatal. En tal caso será otra cultura la que haga mayores contribuciones en el futuro.

9

¿Qué es el ser humano?

Conforme la ciencia de la conducta va adoptando la estrategia de la física y la biología, el agente autónomo a quien tradicionalmente se había atribuido la conducta, es reemplazado por el ambiente —un ambiente en el cual la especie se desarrolló y en el que la conducta del individuo es modelada y mantenida—. Las vicisitudes del "ambientalismo" expresan por sí solas lo difícil que ha resultado llevar a cabo este cambio. Por mucho tiempo se ha reconocido que la conducta del hombre algo debe a acontecimientos anteriores y que el ambiente es un punto de ataque mucho más prometedor que el hombre mismo. Como ya observó Crane Brinton[1], "un programa para cambiar las cosas y no para convertir a las personas" fue parte significativa de las revoluciones inglesa, francesa y rusa. Fue Robert Owen, según la opinión de Trevelyan, quien por primera vez "claramente comprendió y enseñó que el ambiente produce el carácter y que ese ambiente queda bajo control humano[2]", o como escribió Gilbert Seldes, "que el hombre es una criatura de la circunstancia, que si cambiáramos los ambientes de treinta pequeños hotentotes y treinta niños de la aristocracia inglesa, los aristócratas se convertirían en hotentotes en todos los detalles de la vida práctica, y los hotentotes serían pequeño-burgueses[3]".

La evidencia en favor de un ambientalismo rudimentario es evidente en la experiencia cotidiana. Las personas son extraordinariamente diferentes en diferentes lugares y, con toda probabilidad, justamente por causa de los lugares. El nómada a caballo en la Mongolia Exterior y el astronauta en el espacio, son personas diferentes, pero, que sepamos, si hubieran sido permutados en el momento de nacer, hubiera cada uno de ellos tomado el lugar del otro (la expresión "ponerse en el lugar de alguien" muestra lo estrechamente que identificamos la conducta de una persona con el ambiente en el cual se produce). Pero necesitamos llegar a conocer mucho más, antes de que este hecho sea verdaderamente útil. ¿Qué hay en el ambiente que produce a un hotentote? ¿Y qué haría falta modificar para producir en su lugar un conservador inglés?

Tanto el entusiasmo del ambientalista como su fracaso normalmente ignominioso, quedan ilustrados por el experimento utópico de Owen en New Harmony. Una larga historia de reforma ambiental —en educación, penología, industria y vida familiar, para no hablar de gobierno y religión — muestran el mismo mecanismo. Los ambientes son construidos sobre el modelo de otros ambientes en los cuales se ha observado la existencia de buena conducta, pero la conducta deseada no acierta a producirse. Doscientos años de esta clase de ambientalismo tienen, en sí mismos, muy poco que enseñar, y por una razón muy simple. Debemos saber cómo funciona el ambiente antes de que podamos cambiarlo para cambiar la conducta. El mero cambio del énfasis, del hombre al ambiente, significa poca cosa.

Consideremos algunos ejemplos en los que el ambiente reemplaza la función y el papel del ser autónomo. El primero de estos ejemplos los constituye la *agresión* —que a menudo se considera como constitutiva de la naturaleza humana—. Los hombres con frecuencia actúan de tal forma que perjudican a otros, y también con frecuencia, parecen quedar reforzados por el daño que ocasionan a los demás. Los especialistas en cuestiones éticas han puesto el énfasis en las contingencias de supervivencia que aportarían estas características a la dotación genética de la especie; pero las contingencias de reforzamiento en lo que dura la vida de un individuo son también significativas, puesto que cualquiera que actúe agresivamente para perjudicar a los demás será reforzado muy probablemente de otras maneras —por ejemplo, apoderándose de bienes—. Las contingencias explican la conducta completamente al margen de cualquier estado o sentimiento de agresión o de cualquier acto inicial surgido del ser autónomo.

Otro ejemplo que implica la llamada "peculiaridad de carácter" es la *laboriosidad*. Algunas personas son industriosas en el sentido de que trabajan enérgicamente durante largos períodos de tiempo, mientras que otras son perezosas u holgazanas en el sentido de que no se comportan de esta manera. "Laboriosidad" y "pereza" se encuentran entre las miles de las denominadas "peculiaridades de carácter". La conducta a la que se refieren puede explicarse de otra forma. Algunas pueden atribuirse a la idiosincrasia genética (y pueden modificarse solamente mediante la modificación de esa idiosincrasia a través de medios únicamente genéticos) y el resto se puede explicar por contingencias ambientales, que son mucho más importantes de lo que a menudo se cree. Al margen de cualquier dotación genética normal, un organismo oscilará entre la actividad vigorosa y el ocio total; todo dependerá de los programas de reforzamiento a que haya sido sometido. Y la explicación se traslada de una peculiaridad de carácter a una historia ambiental de reforzamiento.

Un tercer ejemplo, una actividad "cognitiva", es la *atención*. Una persona responde sólo a una pequeña parte de los estímulos que le rodean. La opinión tradicional es la de que el mismo interesado determina cuáles serán los estímulos que resultan eficaces "prestándoles atención". Un cierto cancerbero interior —se asegura— permite la entrada de algunos de esos estímulos, impidiéndosela a otros. Un estímulo súbito o vigoroso puede romper la barrera y "atraer" la atención, pero la persona misma se diría que controla, en todos los demás casos, esa selección de estímulos. Un análisis de las circunstancias ambientales invierte la relación. Los estímulos que son capaces de romper esa barrera "atrayendo la atención" consiguen hacerlo porque han quedado asociados, bien en la historia evolutiva de la especie, bien en la historia personal del individuo, con cosas importantes —por ejemplo, peligrosas—. Estímulos menos vigorosos solamente atraen la atención en la medida en que hayan formado parte de contingencias de reforzamiento. Podemos llegar a establecer contingencias que aseguren que un organismo, incluso uno tan "simple" como la paloma, atienda a un objeto y no a otro, o a alguna propiedad determinada de ese objeto, como su color, por ejemplo, y no a otra, como su forma. El cancerbero interior es sustituido por las contingencias a las que ese organismo ha quedado expuesto y que seleccionan los estímulos a los cuales el organismo reacciona.

En la perspectiva tradicional, una persona percibe el mundo que le rodea y actúa sobre él para llegar a conocerlo. En cierto sentido sale de sí mismo, lo alcanza y lo abarca. "Lo hace propio" y lo posee. Lo "conoce" en el sentido bíblico en el que el hombre conoce a la mujer. Se ha asegurado, en según qué contextos filosóficos, que el mundo no existiría si no hubiera nadie que lo percibiera. La acción es exactamente la inversa en un análisis ambiental. Por supuesto que no se daría la percepción si no hubiera mundo alguno por percibir, pero un mundo existente no sería percibido si no se dieran contingencias apropiadas para ello. Decimos que un bebé percibe la cara de su madre y la conoce. Nuestra evidencia es que el bebé responde de una forma determinada a la cara de su madre, y de otra forma a las demás caras o a las demás cosas. Y lleva a cabo esta distinción, no mediante algún acto mental de percepción, sino por causa de contingencias anteriores. Algunas de éstas pueden ser contingencias de supervivencia. Las características físicas de una especie son partes particularmente estables del ambiente en el que una especie se desarrolla. (Esta es la razón por la que los interesados en cuestiones éticas le dan tanta importancia a las relaciones sentimentales y sexuales, y al trato entre padres e hijos). El rostro y las expresiones faciales de la madre humana quedan relacionadas con seguridad, calor, alimento y otros aspectos importantes, tanto durante la evolución de la especie como durante la vida del niño.

Aprendemos a percibir en el sentido de que aprendemos a responder a las cosas de formas peculiares por causa de las contingencias de las cuales esas cosas son una parte[4]. Podemos percibir el sol, por ejemplo, simplemente porque es un estímulo extraordinariamente poderoso, pero lo cierto es que ha sido parte permanente del ambiente de la especie a lo largo de toda su evolución y con respecto a él podría haber una conducta más específica seleccionada por las contingencias de supervivencia (como así ha sido el caso en muchas otras especies).

El sol también figura en muchas contingencias usuales de reforzamiento: nos ponemos al sol o buscamos la sombra, según la temperatura; para realizar determinadas acciones prácticas esperamos a la salida del sol o a su ocaso; hablamos acerca del sol y sus efectos; y eventualmente estudiamos el sol con instrumentos y métodos científicos. Nuestra percepción del sol depende de lo que hacemos con respecto a él. Y hagamos lo que hagamos, y por tanto lo percibamos como quiera que sea, lo cierto es que es el ambiente el que actúa sobre la persona que percibe, no la persona que lo percibe quien actúa sobre el ambiente.

La percepción y el conocimiento que surgen de las contingencias verbales son, todavía mucho más obviamente, productos del ambiente. Ante un objeto determinado reaccionamos de muy diversos modos de acuerdo con el color del objeto; y así, tomamos y comemos manzanas rojas de una particular variedad, pero no hacemos lo mismo con las verdes. Está claro que podemos "ver la diferencia" entre lo rojo y lo verde, pero hay implícito algo más cuando decimos que conocemos que una manzana es roja y la otra verde. Existe la tentación de decir que conocer es un proceso cognitivo totalmente al margen de la acción, pero las contingencias proporcionan una distinción mucho más útil. Cuando alguien pregunta por el color de un objeto que queda fuera de su vista, y le decimos que es rojo, nosotros no hacemos nada con respecto a ese objeto de ninguna de las maneras. Es la persona que nos ha preguntado y que oye nuestra respuesta la que lleva a cabo una respuesta práctica que depende del color. Solamente bajo contingencias verbales puede un hablante responder a una propiedad aislada ante la cual no es posible llevar a cabo una respuesta no verbal. Una respuesta a la propiedad de un objeto, sin responder al objeto de ninguna otra manera, se denomina *abstracta*. Y el pensamiento abstracto es el producto de un género peculiar de ambiente, no de una facultad cognitiva.

En cuanto oyentes, adquirimos un género de conocimiento, a partir de la conducta verbal de los demás, que nos puede resultar extremadamente valioso para permitirnos evitar quedar directamente expuestos a las contingencias. Aprendemos de la experiencia de los demás respondiendo a lo que ellos dicen con respecto a las contingencias. Cuando se nos advierte que no hagamos algo o se nos aconseja hacerlo, puede que no tenga importancia hablar de conocimiento, pero cuando aprendemos formas más durables de advertencias o de consejos en forma de máximas o reglas, puede entonces decirse que poseemos un género especial de conocimiento acerca de las contingencias a las que esas máximas o reglas se refieren. Las leyes de la ciencia son descripciones de contingencias de reforzamiento, y quien conoce una ley científica puede comportarse eficazmente sin quedar expuesto a las contingencias que esa ley describe[5]. (Por supuesto, tendrá sentimientos muy diversos ante las contingencias, según esté siguiendo una regla o haya quedado expuesto directamente a ellas. El conocimiento científico es "frío", pero la conducta que origina resulta tan eficaz como la originada por el "cálido" conocimiento que procede de la experiencia personal).

Isaiah Berlin se ha referido a un particular sentido de conocimiento, que, según se dice, fue descubierto por Giambattista Vico. Se refiere

> "al sentido en el cual conozco lo que significa ser pobre, luchar por una causa, pertenecer a una nación, militar o abandonar una iglesia o un partido, sentir nostalgia, terror, la omnipresencia de un dios, entender un gesto, una obra de arte, un chiste, el carácter de un hombre, que uno queda transformado o que se miente a sí mismo[6]".

Este es el tipo de cosas que muy probablemente aprenderá un individuo por medio de un contacto directo con contingencias, más bien que a partir de la conducta verbal de los demás, y se encuentran asociadas con ellas, sin duda, formas especiales de sentimientos, pero, aun así, el conocimiento no es algo que resulte dado directamente. Una persona puede conocer el sentido de luchar por una causa solamente tras una larga historia, en el transcurso de la cual ha aprendido a percibir y a conocer aquella compleja situación denominada luchar por una causa.

El papel del ambiente resulta particularmente sutil cuando lo conocido es el mismo conocedor. Si no se da un mundo exterior que inicie el conocimiento, ¿no debemos entonces decir que el conocedor mismo actúa primero? Este es, por supuesto, el campo de la consciencia, del darse cuenta de las cosas; un campo al que con frecuencia se acusa al análisis científico de la conducta de ignorar[7]. Esta acusación es seria y deberíamos considerarla seriamente. Se dice que el hombre se diferencia de los demás animales principalmente porque él "es consciente de su propia existencia". El hombre sabe lo que hace; sabe que ha tenido un pasado y que tendrá un futuro; "reflexiona sobre su propia naturaleza"; sólo él es capaz de perseguir el mandato clásico "conócete a ti mismo". Cualquier análisis de la conducta humana que descuidara estos hechos sería desde luego defectuoso e incompleto. Y, efectivamente, algunos análisis lo son. El denominado "conductismo metodológico" se limita a estudiar únicamente lo que es susceptible de ser observado públicamente; puede que se den los procesos mentales, pero quedan fuera de la consideración científica por su misma naturaleza. Los "conductualistas" en ciencia política, y muchos positivistas lógicos en filosofía, han seguido una trayectoria similar. Pero la auto-observación puede ser estudiada, y debe ser incluida en cualquier balance razonablemente completo de la conducta humana. Más que ignorar la consciencia, un análisis experimental de la conducta ha conferido relieve a algunos asuntos cruciales. El problema no estriba en que el hombre pueda o no pueda conocerse a sí mismo, sino en qué conoce cuando dice conocerse.

El problema surge en parte por causa del hecho indiscutible de la intimidad: una pequeña parte del universo queda encerrada en el interior del hombre. Sería estúpido negar la existencia de este mundo privado, pero también es estúpido asegurar que, porque sea privado, tiene ya naturaleza diferente de la del mundo exterior. La diferencia no está en aquello de lo que ese mundo privado está compuesto, sino en su distinta accesibilidad. Se da una intimidad inviolable y exclusiva en lo que se refiere a un dolor de cabeza, o a un dolor de corazón, o a un soliloquio silencioso. La intimidad es a veces terriblemente dolorosa (nadie puede cerrar los ojos a un dolor de cabeza propio), pero no lo es necesariamente, y parece haber confirmado la doctrina de que el conocimiento es un género de posesión.

La dificultad estriba en que, aunque la intimidad pueda llevar al conocedor a un más estrecho conocimiento de lo que conoce, se interfiere con el proceso a través del cual ese conocedor llega a conocer cualquier cosa. Como ya vimos en el capítulo sexto, las contingencias bajo las que un niño aprende a describir sus sentimientos son necesariamente incompletas; la comunidad verbal no puede utilizar los procedimientos con los que enseña al niño a describir objetos. Se dan, por supuesto, contingencias naturales bajo las que aprendemos a responder a estímulos privados, y que generan conducta de gran precisión; no podríamos saltar, o pasear, o dar una voltereta si no quedáramos estimulados por partes de nuestro propio cuerpo. Pero es muy poco el grado de conciencia que queda asociada con esta clase de conducta y, en efecto, nos comportamos de esta manera en la mayoría de las ocasiones, sin ser conscientes de los estímulos a los que respondemos. No atribuimos consciencia a otras especies que obviamente utilizan estímulos privados similares. "Conocer" los estímulos privados es algo más que responder a ellos.

La comunidad verbal se especializa en contingencias autodescriptivas. Plantea preguntas como las siguientes: ¿Qué hiciste ayer? ¿Qué haces ahora? ¿Qué harás mañana? ¿Quieres realmente hacer eso? ¿Qué te parece eso? Las respuestas ayudan a las personas a adaptarse unas a otras de forma eficaz. Y al hecho de que tales preguntas sean formuladas se debe el que la persona se responda a sí misma y a su conducta del modo específico llamado conocer o ser consciente. Sin la ayuda de una comunidad verbal, toda conducta sería inconsciente. La consciencia es un producto social. No solamente no es el campo específico del ser autónomo, sino que queda fuera del alcance de un hombre solitario.

Y queda también fuera del alcance de la precisión de cualquiera. La privacidad que parece conferir la intimidad sobre el conocimiento propio hace imposible para la comunidad verbal el mantener contingencias precisas. Los vocabularios introspectivos son por naturaleza inexactos, y esta es una razón por la que han variado tan ampliamente entre las escuelas de filosofía y psicología. Aun el observador cuidadosamente entrenado tiene dificultades cuando son sometidos a estudio nuevos estímulos privados. (La evidencia independiente de la estimulación privada —por ejemplo, mediante medidas de tipo filosófico— podría posibilitar el acentuar las contingencias que genera la auto-observación, y podrían confirmar, incidentalmente, esta interpretación. Tal evidencia no ofrecería, como ya observamos en el capítulo primero, confirmación alguna para la formulación de una teoría que atribuyera la conducta humana a un agente interior observable).

Las teorías de psicoterapia que enfatizan la consciencia asignan un papel al ser autónomo que queda reservado propiamente, y mucho más eficazmente, a contingencias de reforzamiento. La consciencia puede ayudar si el problema estriba, en parte, en una falta de consciencia, y el "insight" referido a la propia condición puede ser de utilidad si se toma alguna acción correctora, pero la consciencia o el *insight* por sí mismas no siempre son suficientes, y pueden ser excesivas. No hace falta ser consciente de la propia conducta, o de las condiciones que la controlan, para comportarse eficazmente —o ineficazmente—. Por el contrario, como pone de relieve la interrogación de la rana al ciempiés, en la fábula popular, la constante auto-observación puede ser un inconveniente serio. El pianista consumado actuaría deficientemente si fuera tan claramente consciente de su propia conducta como lo es el estudiante que está justamente aprendiendo a tocar.

A menudo juzgamos a las culturas por el grado de auto-observación que ellas fomentan. Se dice que algunas culturas engendran hombres inconscientes, o incapaces de pensar, y a Sócrates se le admira porque nos indujo a interrogarnos acerca de nuestra propia naturaleza. Pero la auto-observación es tan sólo un paso previo para la acción. El grado de consciencia que el hombre *debería* poseer depende de la importancia que la auto-observación tenga de cara a la conducta eficaz. El propio conocimiento es valioso sólo en la medida en que ayuda a afrontar las contingencias bajo las cuales ese autoconocimiento ha surgido.

Quizás el último reducto del ser autónomo sea esa compleja actividad "cognitiva" llamada pensamiento[8]. Por causa de su complejidad, sólo muy lentamente ha ido cediendo su lugar a la explicación en términos de contingencias de reforzamiento. Cuando decimos que una persona *discrimina* entre el rojo y el naranja, implicamos que la discriminación es un género de acto mental. La persona misma no parece estar haciendo nada; responde de diversas formas a estímulos rojos y naranjas, pero éste es resultado de la discriminación más que el acto mismo de discriminar. De modo semejante, decimos que una persona *generaliza* —digamos, de su propia experiencia limitada, al mundo en general— pero todo lo que observamos es que responde al mundo en general de la misma forma que ha aprendido a responder a su propio mundo reducido. Decimos que una persona *forma un concepto o hace una abstracción*, pero todo lo que observamos es que cierto género de contingencias de reforzamiento ha producido una respuesta bajo el control de una única propiedad de un estímulo. Decimos que una persona *recuerda* o *trae a la mente* lo que ha visto u oído, pero todo lo que podemos comprobar es que la ocasión presente suscita una respuesta, posiblemente en forma debilitada o alterada adquirida en otra ocasión anterior. Decimos que una persona *asocia* una palabra con otra, pero todo lo que observamos es que un estímulo verbal evoca la respuesta previamente realizada ante otro. Más que suponer, por tanto, que es el ser autónomo quien discrimina, generaliza, forma conceptos o abstrae, recuerda o trae a la memoria, y asocia, podemos poner las cosas en su sitio indicando simplemente que ninguno de esos términos se refiere a formas de conducta.

Puede que una persona adopte alguna acción explícita al intentar resolver un problema[9]. Al ir haciendo un complicado rompecabezas puede ir moviendo las piezas para aumentar sus posibilidades de hacerlas encajar. Al solucionar una ecuación puede transponer términos, simplificar fracciones o extraer raíces para aumentar sus posibilidades de despejar la incógnita de la ecuación que ya ha aprendido a resolver. El artista puede manipular su medio creativo hasta que surja algo de interés. Casi todo esto puede hacerse de forma encubierta, y achacarse entonces probablemente a un sistema dimensional distinto, pero siempre se podrá hacer abiertamente, quizá más despacio, pero seguramente también de modo más eficaz, y, salvo raras excepciones, debe haberse aprendido de forma manifiesta. La cultura promueve el pensamiento creando contingencias especiales: enseña a una persona a realizar sutiles discriminaciones, haciendo más preciso el reforzamiento diferencial. Enseña las técnicas que habrán de usarse en la solución de los problemas. Proporciona reglas que hacen innecesario el quedar expuesto a las contingencias de las cuales se derivan esas reglas, y también proporciona reglas que permiten descubrir nuevas reglas.

El autocontrol, o la autogestión, es un tipo especial de resolución de problemas que, como el autoconocimiento, plantea todos los aspectos relativos a la intimidad. Ya hemos discutido algunas técnicas en conexión con el control aversivo, en el capítulo cuarto. Siempre es el ambiente el que origina la conducta, con la cual se solucionan los problemas, aun cuando los problemas tengamos que localizarlos en el mundo privado dentro de nuestra piel. Nada de todo esto ha sido investigado de forma muy provechosa, pero lo inadecuado de nuestro análisis no es razón para que volvamos a sostener la teoría de una mente productora de milagros. Si aún no es suficiente nuestro conocimiento de las contingencias de reforzamiento para llegar a explicar todo género de pensamiento, debemos, sin embargo, recordar que recurrir a la mente no explica nada en absoluto.

Al cambiar el control, del ser autónomo al ambiente observable, no dejamos un organismo vacío. Mucho es lo que se produce en nuestro interior, y la fisiología llegará eventualmente a explicárnoslo mucho más exactamente de lo que ahora lo hace. Explicará por qué la conducta queda, desde luego, relacionada con los sucesos anteriores, de los que se puede llegar a demostrar que esa conducta no es sino una función de ellos. No siempre es entendida correctamente esta tarea. Muchos fisiólogos se ven a sí mismos tratando de encontrar "correlaciones fisiológicas" de acontecimientos mentales[10]. La investigación fisiológica es considerada simplemente como una versión más científica de la introspección. Pero las técnicas fisiológicas, por supuesto, no están pensadas para detectar o medir personalidades, ideas, actitudes, sentimientos o reacciones, impulsos, pensamientos o propósitos. (Si así no fuera, tendríamos que contestar a una tercera pregunta además de las que ya quedaron planteadas en el capítulo primero: una personalidad, idea, sentimiento o propósito, ¿cómo pueden llegar a afectar los instrumentos del fisiólogo?) Por ahora, ni la introspección ni la fisiología proporcionan información muy adecuada sobre lo que tiene lugar en el interior del hombre cuando éste emite su conducta, y puesto que, tanto la introspección como la fisiología, están dirigidas al interior, ambas tienen el mismo efecto de distraer la atención del ambiente externo.

Casi todos los malentendidos que se producen con respecto al ser interior están ocasionados por la metáfora del almacenamiento. Las historias evolutivas y las ambientales cambian un organismo, pero no quedan almacenadas en su interior. Así observamos que los niños maman del seno materno, y podemos fácilmente imaginar que una fuerte tendencia a actuar así tiene valor de supervivencia, pero se implica mucho más al hablar de un "instinto de mamar" considerado como algo que el niño posee y que le capacita para hacerlo. El concepto de "naturaleza humana" o de "dotación genética" es peligroso cuando se toma en este sentido. Estamos más cerca de la naturaleza humana en un niño que, en un adulto, o en una cultura primitiva que en una ya muy avanzada, en el sentido de que las contingencias ambientales habrán oscurecido menos, probablemente, la dotación genética, y resulta tentador dramatizar aquella dotación al implicar que las etapas anteriores hayan sobrevivido en forma oculta: el hombre es un mono desnudo, y "el toro paleolítico que sobrevive en el propio interior del hombre todavía patea la tierra dondequiera que tenga lugar un gesto amenazador en la escena social[11]". Pero los estudiosos de la anatomía y de la fisiología no encontrarán al mono, ni al toro, como del mismo modo tampoco encontrarán los instintos. Lo que sí encontrarán será las características anatómicas y fisiológicas que son el producto de una historia evolutiva.

También se dice a menudo que la historia personal del individuo se va acumulando en su propio interior. En vez de "instinto" se hablará de "hábito". El hábito de fumar es seguramente algo más que la conducta que se dice demuestra que una persona lo posee; pero la única otra información que tenemos se refiere a los reforzadores y a los programas de reforzamiento, que hacen que una persona fume mucho. Las contingencias no se almacenan; simplemente, dejan a la persona cambiada.

A menudo se asegura que el ambiente queda almacenado en forma de memorias o recuerdos: para recordar algo buscamos una copia de ello, que podemos entonces contemplar cómo fue contemplado el original. Que nosotros sepamos, sin embargo, no existen copias del ambiente en el individuo en ningún momento, aun cuando una cosa esté presente y esté siendo observada[12]. Los productos de contingencias más complejas también se dice que quedan almacenadas; el repertorio adquirido cuando una persona aprende a hablar francés se denomina "conocimiento del francés".

Las peculiaridades del carácter, ya se deriven de contingencias de supervivencia o de contingencias de reforzamiento, también se supone que van acumulándose. Un ejemplo curioso lo encontramos en la obra de Follett, *Modern American Usage*: "Decimos *se enfrentó a las adversidades con valentía,* conscientes, aun sin pensarlo, que la bravura es una propiedad del hombre, no del encararse; un acto de bravura es taquigrafía poética al hablar del acto de una persona que muestra bravura al realizarla[13]". Pero llamamos bravo a un hombre por causa de sus actos, y se comporta bravamente cuando las circunstancias ambientales le inducen a ello. Las circunstancias han modificado su conducta; no es que hayan implantado en esa persona una característica o una virtud.

También decimos que los sistemas filosóficos son algo que poseemos. Decimos que un hombre habla o actúa de forma determinada porque tiene una determinada filosofía, tales como el idealismo, el materialismo dialéctico o el calvinismo. Términos de este tipo resumen el efecto de las condiciones ambientales que ahora resultarían difíciles de identificar, pero las condiciones deben haber existido y no deberían ser ignoradas. Una persona que posee una "filosofía de la libertad" es aquella que ha quedado modificada de cierta forma por la literatura de la libertad.

Este problema ha tenido un curioso lugar en la teología. ¿Peca el hombre porque es pecador, o es pecador porque peca? Ninguna de las dos preguntas apunta a nada verdaderamente útil. Decir que el hombre es pecador, porque peca, significa dar una definición operacional del pecado[14]. Decir que peca, porque es pecador, significa achacar su conducta a una característica supuestamente interior. Pero el que una persona se comprometa o no se comprometa, en el género de conducta denominado pecaminoso, depende de las circunstancias, que por cierto no se mencionan en ninguna de esas dos preguntas antes formuladas. El pecado, entendido como una posesión interior (el pecado que una persona "conoce"), se puede localizar en una historia de reforzamiento. (La expresión "temeroso de Dios" parece sugerir esa historia, pero no la sugieren expresiones tales como piedad, virtud, la inmanencia de Dios, el sentido moral, o la moralidad. Como ya hemos visto, el hombre no es un animal moral en el sentido de poseer una especial característica o virtud; él ha construido un cierto género de ambiente social que le induce a comportarse de forma moral).

Estas distinciones contienen implicaciones de tipo práctico. Una encuesta reciente entre americanos de raza blanca parece indicar "que más de la mitad de ellos achacan el inferior estatus educativo y económico de los afroamericanos a algo *propio de ellos mismos*[15]". Ese "algo" fue identificado más adelante como "falta de motivación", la cual debía distinguirse de ambos factores, el genético y el ambiental. Significativamente, la motivación se decía quedar asociada con el "libre albedrío". Descuidar el papel del ambiente de esta manera significa descartar la posibilidad de cualquier investigación seria respecto a las contingencias defectuosas, responsables, en definitiva, de esa "falta de motivación".

Pertenece a la propia naturaleza del análisis experimental de la conducta humana el hecho de sustituir al ser autónomo en las funciones previamente adjudicadas a él, y transferirlas una por una al control ambiental. Este análisis deja cada vez menos papel que desempeñar al ser autónomo. Pero, ¿qué decir del hombre mismo? ¿No hay algo más en el ser humano que un cuerpo viviente? A menos que permanezca algo que denominamos "propio", ¿cómo podemos hablar de conocimiento propio o de autocontrol? ¿A quién se dirige el mandato "Conócete a ti mismo"?

Un aspecto importante de las contingencias, a las que un niño queda expuesto, consiste en que su propio cuerpo es la única parte de su ambiente que permanece igual (*ídem*) de hora en hora, y de día en día. Decimos que ese niño descubre su *identidad* cuando aprende a distinguir entre su cuerpo y el resto del mundo. Y actúa así mucho antes incluso de que la comunidad le enseñe los nombres de las cosas y la distinción entre "yo" y "ello" o "tú".

El "sí mismo" constituye un repertorio de conducta, apropiado a un determinado conjunto de contingencias[16]. Una parte sustancial de las condiciones a las que una persona queda expuesta, puede jugar un papel preponderante, y bajo otras condiciones distintas la persona puede asegurar que "Hoy no soy yo mismo", o bien "No es posible que hiciera lo que usted dice que hice, eso no va conmigo". La identidad conferida a lo propio surge a partir de las contingencias responsables de la conducta. Dos o más repertorios, originados por diferentes conjuntos de contingencias, componen dos o más "identidades". Una persona posee un repertorio adecuado a su relación con sus amigos; y otro, adecuado a su vida de familia. Y un amigo puede encontrarle persona muy diferente si le observa en su contexto familiar, o su familia si le ve con sus amigos. El problema de identidad surge cuando las situaciones quedan entremezcladas, como cuando una persona se encuentra a sí misma entre amigos y en familia, al mismo tiempo.

El conocimiento propio y el autocontrol implican dos identidades en este sentido. El auto-conocedor es casi siempre un producto de las contingencias sociales, pero la personalidad que es conocida puede que tenga otras fuentes. La personalidad controladora (la conciencia o el *superego*) tiene origen social, pero la personalidad controlada será con más probabilidad el producto de las susceptibilidades genéticas al reforzamiento (el *Id*, o el Viejo Adán). La personalidad controladora representa generalmente los intereses de otros, mientras que la personalidad controlada representa los intereses del individuo.

La imagen que surge del análisis científico no es la de un cuerpo con una persona dentro, sino la de un cuerpo que es persona, en el sentido de que es capaz de desplegar un complejo repertorio de conducta. La imagen, por supuesto, no resulta familiar. El hombre así descrito resulta extraño, y, desde un punto de vista tradicional, puede que ni parezca hombre en absoluto. "Durante al menos cien años", ha dicho Joseph Wood Krutch[17],

> "todas las teorías han dado una visión del hombre llena de prejuicios, incluidos el determinismo económico, el conductismo mecanicista, y el relativismo, que empequeñecen la estatura del hombre, reduciéndolo a no ser hombre en absoluto, al menos en el sentido en que lo hubieran reconocido los humanistas de una generación anterior[18]"

Matson ha afirmado que "el científico conductual empírico ... niega, aunque sólo sea implícitamente, que un ser único, llamado ser humano, exista". "Lo que actualmente se ataca[19]", dijo Maslow, "es el 'ser' del hombre". C. S. Lewis lo expresa crudamente: "El ser humano está siendo abolido[20]".

Existe claramente cierta dificultad para identificar al hombre a quien se refieren todas esas afirmaciones. Lewis no puede haberse referido a la especie humana, porque no solamente no está siendo abolida, sino que, por el contrario, está saturando la tierra. (Como consecuencia, puede llegar, eventualmente, a abolirse a sí misma por causa de enfermedades, desnutrición, contaminación o en un holocausto nuclear, pero no es esto lo que Lewis quiere decir). Ni tampoco los hombres individuales se están convirtiendo en menos eficaces o productivos. Se nos dice que lo que queda amenazado es "el hombre en cuanto hombre", o "el hombre en su humanidad", o "el hombre como sujeto, no como objeto", o "el hombre como persona, no como cosa". Estas expresiones no son muy útiles, que digamos, pero nos proporcionan una clave. Lo que queda sometido a proceso de abolición es el ser autónomo —el ser interior, el homúnculo, el demonio posesivo, el hombre defendido y propugnado por las literaturas de la libertad y la dignidad.

Su abolición ha sido diferida demasiado tiempo. El ser autónomo es un truco utilizado para explicar lo que no podíamos explicarnos de ninguna otra forma. Lo ha construido nuestra ignorancia, y conforme va aumentando nuestro conocimiento, va diluyéndose progresivamente la materia misma de que está hecho. La ciencia no deshumaniza al hombre, sino que lo "deshomunculiza", y debe hacerlo, precisamente si quiere evitar la abolición de la especie humana. Al hombre en cuanto hombre, gustosamente le abandonamos. Sólo desposeyéndole podremos concentrar nuestra atención en las causas verdaderas de la conducta humana. Sólo entonces descartaremos las inferencias, para fijarnos en los datos observados, nos olvidaremos de lo milagroso para preocuparnos de lo natural, nos despreocuparemos de lo inaccesible para preocuparnos de lo que sea posible manejar.

A menudo se asegura que, al actuar así, necesariamente consideramos al hombre que sobrevive como mero animal. "Animal" es término peyorativo, pero esto es cierto sólo porque el término "hombre" ha quedado dignificado hasta límites honoríficos verdaderamente espurios. Kruth ha dicho que, mientras el punto de vista tradicional corrobora la exclamación de Hamlet, "¡Ser como un dios!", Pavlov, el científico de la conducta, pone de relieve "¡Ser como un perro!" Pero esto constituyó en su momento un paso al frente. Un dios es el molde arquetípico de una ficción explicativa, de una mente obra-milagros, de lo metafísico. El hombre es mucho más que un perro. Pero, como el perro, también el hombre queda al alcance de un análisis científico.

Es cierto que, en su mayor parte, el análisis experimental de la conducta se ha referido casi siempre a organismos inferiores. Las diferencias genéticas quedan minimizadas usando cepas especiales; las historias ambientales de esos organismos pueden ser controladas, quizá desde su mismo nacimiento; podemos aplicar y mantener regímenes muy estrictos durante prolongados experimentos; y muy poco de esto podemos hacer con sujetos humanos. Más aún, al trabajar con animales inferiores, el científico, muy probablemente, mezclará mucho menos sus propias respuestas con las condiciones experimentales de sus datos, ni tampoco planificará contingencias con la atención más puesta en los efectos que ellas producen en sí mismo, que en los que produce en los organismos que somete a estudio. Nadie se preocupa cuando los científicos estudian la respiración, la reproducción, la nutrición o los sistemas endocrinos de los animales; y así lo hacen para aprovecharse de muy importantes semejanzas. Se están descubriendo semejanzas comparables, por lo que a la conducta se refiere. Por supuesto, siempre existe el peligro de que ciertos métodos pensados para el estudio de animales inferiores enfaticen solamente aquellas características que tienen en común con los hombres, pero no podemos llegar a descubrir lo que es "esencialmente" humano a menos que hallamos investigado sujetos no humanos. Las teorías tradicionales del ser autónomo han exagerado las diferencias entre las especies. Algunas de las complejas contingencias de reforzamiento, actualmente sometidas a investigación, generan determinada conducta en los organismos inferiores, que, caso de que los sujetos fueran humanos, serían tradicionalmente atribuidas a más elevados procesos mentales,

Al hombre no se le convierte en máquina porque analicemos su conducta en términos mecánicos. Las primitivas teorías de la conducta, como ya hemos estudiado, representaron al hombre como un autómata que respondía a estímulos automáticos, de forma análoga a la noción clásica de máquina del siglo XIX, pero es ya mucho el progreso realizado. El hombre es una máquina, en el sentido de que constituye un sistema complejo que se comporta de un modo que puede ser expresado en leyes, pero esa complejidad es extraordinaria. Quizá su capacidad de adaptación a las contingencias de reforzamiento será con el tiempo simulada en máquinas, pero a esto aún no hemos llegado, y, aunque así sucediera y el hombre pudiera ser simulado mecánicamente, aun entonces este mecanismo seguiría siendo único en otros aspectos.

Ni tampoco queda el hombre convertido en máquina porque se le induzca a utilizarlas. Algunas máquinas exigen una conducta reiterativa y monótona, y escapamos de este tipo de actividad cuando podemos, pero muchas otras aumentan nuestra eficacia de manera enorme en nuestras relaciones con el mundo que nos rodea. Una persona puede responder a cosas pequeñísimas con la ayuda de un microscopio electrónico; o a cosas enormes, con la de radiotelescopios; y el actuar así quizá les parezca inhumano a cuantos utilizan tan sólo sus sentidos sin ayuda mecánica de ninguna clase. Una persona puede actuar sobre el ambiente que le rodea con la delicada precisión de un relojero, o con el alcance y el poder de un proyectil espacial, y esta conducta puede parecer inhumana a todos aquellos que tan sólo realizan contracciones musculares. (Se ha dicho que los aparatos utilizados en un laboratorio operante malinterpretan la conducta natural porque introducen fuentes externas de control[21], pero las personas también utilizan fuentes externas de control cuando hacen volar una cometa, surcan el agua en barcos, o con un arco disparan una flecha. Si sólo pudieran utilizar su propia fuerza muscular, los hombres no habrían conseguido sino una reducidísima parte de sus logros y adelantos). Las personas describen su conducta en libros y mediante otros procedimientos, y el uso que hacen de esos testimonios puede parecer completamente inhumano a cuantos tan sólo pueden utilizar aquello que recuerdan. Las personas expresan las reglas, y las introducen en sistemas electrónicos que "piensan" a una velocidad que parece totalmente inhumana para quien piensa sin ayuda de nada ni de nadie. Los seres humanos llevan a cabo todo esto con la ayuda de las máquinas, y serían menos humanos si no lo hicieran. Lo que ahora consideramos como conducta mecanizada fue, en efecto, mucho más frecuente antes de la invención de todos estos recursos. El esclavo en el algodonal, el copista medieval en su elevado pupitre, el estudiante sometido a la disciplina impuesta por el maestro: todos éstos eran ciertamente seres mecanizados.

Las máquinas sustituyen al hombre cuando hacen lo que antes hacían las personas, y las consecuencias sociales pueden ser serias. Conforme la tecnología avance, las máquinas se encargarán cada vez más de las funciones del hombre, pero sólo hasta un límite. Construimos máquinas que reducen algunas de las características aversivas de nuestro ambiente (trabajos agotadores, por ejemplo) y que producen reforzadores más positivos. Las construimos precisamente por esta razón. No tenemos por qué construir máquinas para ser reforzados por estas consecuencias, y hacerlo así significaría privarnos a nosotros mismos de reforzamiento. Si las máquinas que el hombre construye terminan por esclavizarle completamente, ello se deberá a un accidente, no a un propósito premeditado.

Un papel importante del ser autónomo ha sido el de dirigir la conducta humana, y a menudo se dice que al desmantelar a un agente interior dejamos al hombre mismo sin propósito alguno. Como un escritor lo ha formulado, "puesto que la psicología científica debe considerar la conducta humana objetivamente, en cuanto determinada por leyes necesarias, tiene que representar esa conducta humana como no intencional". Pero las "leyes necesarias" tendrían este efecto sólo en el caso de que quedaran referidas exclusivamente a condiciones antecedentes. La intención y el propósito se refieren a consecuencias selectivas, cuyos efectos pueden ser formulados en "leyes necesarias".

¿Tiene la vida, en todas las formas en las que aparece sobre la superficie terrestre, un propósito? ¿Es este propósito evidencia de una planificación intencional? La mano del primate evolucionó para poder manipular mejor las cosas, pero su propósito debe encontrarse, no en un designio anterior, sino más bien en el proceso de selección. De forma parecida, en el condicionamiento operante, el propósito de un movimiento adecuado de la mano debe encontrarse en las consecuencias que le siguen. Un pianista ni adquiere ni ejecuta la conducta de deslizar sus manos suavemente sobre el teclado por causa de una intención anterior de hacerlo así. Las escalas suavemente ejecutadas son reforzantes por muchas razones, y seleccionan movimientos adecuados, hábiles. Ni en el proceso de evolución de la mano humana, ni en el uso aprendido de esa mano, existe intención anterior alguna o propósito del que hablar.

La opinión en favor del propósito o intención parece quedar acentuada volviendo atrás hacia los estados más oscuros de la mutación. Jacques Barzun ha asegurado que, tanto Darwin como Marx descuidaron no sólo la importancia del propósito humano, sino también el propósito creativo, responsable de las variaciones sobre las que actúa la selección natural. Puede que se demuestre el hecho de que las mutaciones —como algunos genetistas han defendido— no se produzcan totalmente al azar, pero la ausencia de casualidad no es en sí una prueba de la existencia de una mente creativa. Las mutaciones no se producirán al azar cuando los genetistas las planifiquen explícitamente para que un organismo encuentre condiciones específicas de selección con más éxito. Y los genetistas parecerán entonces estar jugando el papel de la Mente creativa de la teoría pre-evolutiva. Pero el propósito que ellos despliegan habrá que vincularlo a su cultura, al ambiente social, que les ha inducido a realizar cambios genéticos, adecuados a las contingencias de supervivencia.

Existe una diferencia entre el propósito biológico y el individual en cuanto este último puede ser sentido. Nadie podría haber experimentado la intención en el desarrollo de la mano humana, mientras que una persona puede experimentar en cierto sentido el propósito con el cual toca una suave escala*. Pero no es que toque una suave escala *porque* sienta el propósito de hacerlo; lo que siente es un subproducto de su conducta en relación con sus consecuencias. La relación de la mano humana con las contingencias de supervivencia, bajo las cuales se ha desarrollado, queda, por supuesto, fuera del alcance de la observación personal; no es este el caso en la relación de la conducta con respecto a las contingencias de reforzamiento que la han generado.

Un análisis científico de la conducta desmantela al ser autónomo y reintegra al ambiente el control que hasta ahora se decía que era ejercido por ese ser autónomo. El individuo, en este caso, parece ser particularmente vulnerable. A partir de ahora será controlado por el mundo que le rodea, y en gran medida por los demás hombres. ¿No será, entonces, simplemente una víctima? Ciertamente, los hombres han sido víctimas, tanto como victimarios, pero la palabra es demasiado fuerte. Esta palabra significa depredación, que no es de ninguna manera una consecuencia esencial del control interpersonal. Pero, aun bajo un control benevolente, ¿no será el individuo, en el mejor de los casos, sino un simple espectador que puede observar lo que sucede pero que queda indefenso, incapacitado de hacer nada por evitarlo o acelerarlo? ¿No será cierto que se encuentra "en un callejón sin salida en su prolongada lucha por intentar controlar su propio destino"?

Quien en realidad ha llegado a un callejón sin salida es tan sólo el ser autónomo. El hombre mismo puede quedar controlado por su ambiente, pero se trata de un ambiente que es casi por completo producto de su propia industria. El ambiente físico de la mayoría de las personas es en su mayor parte

* *N. del E.:* entiéndase al tocar un instrumento musical.

construido por el hombre. Las superficies sobre las que la persona camina, las paredes que le cobijan, el vestido que la cubre, muchos de los alimentos de los que se nutre, los instrumentos que utiliza, los vehículos en los que se desplaza de un lugar a otro, la mayoría de las cosas a las que presta atención y que oye, son, en definitiva, productos humanos. El ambiente social, obviamente, está construido por el hombre, genera la lengua que una persona habla, las costumbres que sigue y la conducta que lleva a cabo con respecto a las instituciones que le controlan, sean éstas del tipo ético, religioso, político, económico, educativo o psicoterapéutico. La evolución de una cultura es, en efecto, un tipo de ejercicio gigantesco de autocontrol. De la misma forma que el individuo se autocontrola, manipulando el mundo en el que vive inmerso, así también la especie humana ha construido un ambiente en el que sus miembros se comportan de un modo altamente eficaz. Es cierto que se han cometido errores, y tenemos la seguridad de que el ambiente creado por el ser humano seguirá proporcionando ventajas capaces de superar tales inconvenientes, pero el ser humano, tal como lo conocemos, para bien o para mal, es lo que ha hecho de sí mismo.

Esto no satisfará a cuantos gritan: "¡Víctima!" C. S. Lewis protestó: "...el poder del hombre de hacer de sí mismo lo que guste... significa... el poder de algunos hombres para hacer de los demás hombres lo que a ellos les guste". Esto resulta inevitable por la naturaleza misma de la evolución cultural. El yo controlador debe distinguirse del yo controlado, aun cuando ambos queden dentro del mismo pellejo, y cuando el control es ejercido mediante la planificación de un ambiente externo, los "yoes" son, salvo excepciones de poca monta, distintos. La persona que intencional o inintencionalmente introduce una nueva práctica cultural, es solamente una más entre los posibles millones que quedarán afectadas por ella. Si esto no parece un acto de autocontrol, ello se debe sólo a que hemos entendido mal la naturaleza del autocontrol en el individuo.

Cuando una persona cambia su ambiente físico o social "intencionalmente" —es decir, con el fin de cambiar patrones de conducta humana, incluyendo posiblemente la suya propia— juega dos papeles: uno como controlador, como planificador de una cultura controladora, y otro como controlado en cuanto producto de una cultura. En esto no se da nada inconsciente; es algo que se sigue por la naturaleza misma de la evolución de una cultura, con o sin planificación intencional.

La especie humana no ha sufrido probablemente grandes cambios genéticos en el tiempo histórico conocido. Tan sólo tenemos que retroceder un millar de generaciones para llegar a los artistas de las cuevas de Lascaux. Las características que afectan directamente a la supervivencia (tales como la resistencia a la enfermedad) cambian sustancialmente en un millar de generaciones, pero el niño de uno de los artistas de Lascaux, trasplantado al mundo actual, podría ser casi indistinguible de un niño de ahora. Es posible que aprendiera más lentamente que su equivalente moderno, es posible que ese niño igualmente pudiera retener sin confusión un repertorio más reducido, o que lo olvidara más rápidamente; no podemos estar seguros. Pero de lo que sí podemos estar seguros es de que un niño del siglo XX, trasplantado a la civilización de Lascaux, no sería diferente de los niños con los que allí se encontrara, porque hemos visto lo que sucede cuando un niño de ahora crece en un ambiente empobrecido.

El ser humano se ha modificado a sí mismo, en gran medida, como persona en ese mismo período de tiempo, mediante el cambio que ha introducido en el mundo en el que vive[22]. En algo así como un centenar de generaciones se culminará el desarrollo de las prácticas religiosas modernas y, en un tiempo parecido, los sistemas políticos y legales ahora vigentes. Quizá no más de veinte generaciones darán buena cuenta de las prácticas industriales modernas, y posiblemente no harán falta más que cuatro o cinco generaciones para terminar con las prácticas actuales en educación y en psicoterapia. Las tecnologías física y biológica, que han aumentado la sensibilidad del hombre con respecto al mundo que le rodea y su poder para cambiar tal mundo, se han desarrollado en no más que cuatro o cinco generaciones.

El ser humano "ha controlado su propio destino", si es que esta frase significa algo. Somos el producto de la cultura que hemos producido. Y ha surgido de dos procesos de evolución completamente diferentes: la evolución biológica responsable de la especie humana y la evolución cultural llevada a cabo por esa especie. Ambos procesos evolutivos pueden ahora acelerarse al estar sujetos a una planificación intencional. El hombre ha cambiado ya su dotación genética procreando selectivamente y cambiando las contingencias de su supervivencia, y puede que ahora comience a introducir mutaciones directamente relacionadas con la supervivencia. Durante mucho tiempo los hombres han introducido prácticas nuevas que sirven como mutaciones culturales, y han modificado las condiciones bajo las que las prácticas son seleccionadas. Puede ser que ahora comiencen a llevar a cabo ambas cosas con una visión más clara, con respecto a las consecuencias.

Continuaremos, presumiblemente, cambiando, pero no podemos decir en qué dirección. Nadie pudo haber predicho la evolución de la especie humana en cualquier momento de su historia primitiva, y la dirección de la planificación genética intencional dependerá de la evolución de una cultura que, a su vez, es impredecible por razones parecidas. "Los límites de perfección de la especie humana", dijo Etienne Cabet en *Voyage en Icarie*, "todavía son desconocidos[23]". Pero, por supuesto, no existen límites. La especie humana nunca alcanzará su estado final de perfección antes de ser exterminada "algunos dicen que por fuego, otros que por hielo", y aun otros por radiaciones nucleares.

El individuo ocupa un lugar en la cultura no distinto al que ocupa en la especie[24], y en la teoría evolutiva primitiva se discutió acaloradamente cuál sería ese lugar. ¿Quedaba constituida la especie simplemente por un tipo de individuo? Y si así era, ¿en qué sentido pudo desarrollarse? El mismo Darwin declaró que la especie "es puramente invención subjetiva del taxonomista". Ninguna especie existe sino en cuanto colección de individuos, como es el caso igualmente con la familia, la tribu, la raza, la nación o la clase. Una cultura no tiene existencia aparte de la conducta de los individuos que mantienen sus prácticas. Siempre es un individuo el que se comporta, el que actúa en un ambiente dado y el que queda modificado por las consecuencias de su acción, y el que mantiene las contingencias sociales que constituyen una cultura. El individuo es el portador, tanto de su especie como de su cultura, Las prácticas culturales, como las características, genéticas, se transmiten de individuo a individuo. Una práctica nueva, como una característica genética nueva, aparece primero en un individuo y tiende a transmitirse si ello contribuye a su supervivencia en cuanto individuo.

Sin embargo, el individuo es, en el mejor de los casos, el punto de confluencia de muchas líneas de desarrollo de forma única e irrepetible. Su individualidad queda fuera de toda duda. Cada célula de su cuerpo constituye un producto genético único, tan único como la señal clásica de la individualidad: las huellas dactilares. Y aun dentro de las más reglamentadas culturas, cada historia personal es única. Ninguna cultura intencional puede llegar a destruir esta característica de ser único, y, como ya hemos visto, cualquier esfuerzo en esta línea sería una planificación errónea. Pero el individuo, sin embargo, sigue siendo meramente una etapa de un proceso que comenzó mucho antes de que comenzase a vivir, y que se prolongará mucho más allá de su propia desaparición. No es, en última instancia, responsable de una característica de la especie o de una práctica cultural, aun cuando él mismo haya quedado sometido a la mutación o haya introducido la práctica que llegó luego a formar parte de la especie o de la cultura. Aunque Lamarck hubiera estado en lo cierto al suponer que el individuo pudo cambiar su estructura genética mediante su esfuerzo personal, deberíamos subrayar las circunstancias ambientales responsables de ese esfuerzo, como tendremos que hacer cuando los genetistas comiencen a cambiar la dotación genética. Y cuando un individuo se embarque en la planificación intencional de una práctica cultural, deberemos retornar a la cultura que le induce a hacerlo y le suministra el arte o la ciencia que ese individuo utiliza.

Uno de los más graves problemas del individualismo, muy pocas veces reconocido como tal, es la muerte —el destino inevitable del individuo, el asalto final a la libertad y a la dignidad—. La muerte es uno de esos remotos acontecimientos cuya repercusión en la conducta sólo se puede conseguir con ayuda de prácticas culturales. Lo que siempre vemos es la muerte de los demás, como la famosa metáfora de Pascal:

> "Imaginemos a un grupo de hombres encadenados, todos ellos sentenciados a muerte. Cada día es ejecutado alguno, siempre en presencia de los demás. Aquellos que momentáneamente se escapan, contemplan su propia condición al ver la de sus compañeros. Y mirándose unos a otros con dolor y desesperación, esperan su turno. Esta es la imagen de la condición humana".

Ciertas religiones han convertido la muerte en algo más importante, presentando una existencia futura en el infierno o el cielo, pero el individualista tiene una especial razón para temer la muerte, elaborada no por una religión, sino precisamente por las literaturas de la libertad y la dignidad. Es la perspectiva de la aniquilación personal. El individualista no puede encontrar consuelo alguno reflexionando sobre cualquier contribución suya que pueda sobrevivirle. Ha rehusado actuar en bien de los demás y no queda, por tanto, reforzado por el hecho de que otros, a quienes pueda haber ayudado, le sobrevivirán a él personalmente. Ha rehusado preocuparse por la supervivencia de su propia cultura y no queda reforzado por el hecho de que la cultura le sobreviva durante mucho tiempo. En la defensa de su propia libertad y dignidad ha negado las contribuciones del pasado y debe abandonar, por tanto, cualquier reclamación sobre el futuro.

Probablemente nunca ha exigido la ciencia un cambio más radical con respecto a una forma tradicional de pensar sobre un tema concreto, como tampoco ha existido nunca un tema concreto más importante. En la representación tradicional, una persona percibe el mundo que le rodea, selecciona las características a percibir, discrimina entre ellas, las juzga buenas o malas, las modifica para hacerlas mejores (o, si es descuidado, peores), y puede ser considerada responsable de sus actos y justamente premiada o castigada por sus consecuencias. En la representación científica, una persona es un miembro de una especie modelada por contingencias evolutivas de supervivencia, desplegando procesos conductuales que lo someten al control del ambiente en el que vive, y también, en gran medida, al control del ambiente social que él mismo, y millones de seres como él, han construido y mantenido a lo largo de la evolución de una cultura. La dirección de la relación de control es invertida: una persona no actúa sobre el mundo, es el mundo el que actúa sobre ella,

Es difícil aceptar tal cambio simplemente en el terreno intelectual, y casi imposible aceptar sus implicaciones. La reacción del tradicionalista queda descrita normalmente en términos de sentimientos. Uno de ellos es el de la vanidad herida —al que por cierto han recurrido los freudianos para explicar la resistencia que se opone al psicoanálisis—. El mismo Freud explicó, como ha dicho Ernest Jones, "los tres duros ataques que, a manos de la ciencia, ha experimentado el narcisismo, o amor propio, de la humanidad. El primero fue cosmológico, y lo realizó Copérnico; el segundo, biológico y lo realizó Darwin; el tercero, psicológico y tuvo a Freud como protagonista[25]" (el autor sigue diciendo que se llega a soportar este envite aferrándose a la creencia de que algo en el centro mismo de nosotros sabe cuánto sucede en nuestro interior y que un instrumento denominado fuerza de voluntad ejerce control sobre el resto de nuestra personalidad). ¿Pero cuáles son los signos o síntomas de la vanidad herida, o cómo podremos explicarlos? Lo que las personas hacen con respecto a una tal representación científica del hombre consiste en denominarla errónea, vejatoria y peligrosa, argumentar contra ella, y atacar a cuantos la proponen o la defienden. No actúan así a consecuencia de su vanidad herida, sino porque esta formulación científica destruye reforzadores a los que ellos estaban habituados. Si no ha de existir razón alguna en lo sucesivo por la que a la persona se la pueda alabar o elogiar por su conducta, parece entonces sufrir una grave pérdida de dignidad o de valor, y la conducta previamente reforzada por el crédito o la admiración que despertaba, quedará condenada a la extinción. La extinción conduce a menudo al ataque agresivo.

Otro efecto de la representación científica ha quedado descrito como una pérdida de fe o "nervio", como un sentido de duda o impotencia, o como desánimo, depresión o desesperanza. Se dice que una persona siente la impotencia de no poder hacer nada con respecto a su propio destino. Pero lo que en verdad siente es un debilitamiento de antiguas respuestas que ya no quedan reforzadas por más tiempo. Las personas quedan en verdad "impotentes" cuando los repertorios verbales, durante mucho tiempo establecidos, resultan ser inútiles. Por ejemplo, un historiador se ha quejado de que, si las obras del hombre deben "quedar relegadas simplemente a ser el producto del condicionamiento material y psicológico", nada se puede decir sobre ellas; "el cambio debe ser, parcialmente al menos, el resultado de la actividad mental consciente[26]".

Otro efecto es un cierto género de nostalgia. Los antiguos repertorios se abren paso; como las semejanzas del presente y el pasado, quedan puestas de relieve y exageradas. A los viejos tiempos se les llama los "buenos viejos tiempos", cuando la dignidad innata del hombre y la importancia de los valores espirituales tenían su importancia, y como tal se les reconocía. Tales fragmentos de conducta, ya pasados de moda, tienden a ser "desinteresados" —es decir, tienen el carácter de la conducta progresivamente inútil.

Estas reacciones ante una concepción científica del hombre son, ciertamente, desafortunadas. Inmovilizan a los hombres de buena voluntad, y cualquiera que se preocupe por el futuro de su cultura hará cuanto pueda por corregirlas. Ninguna teoría cambia aquello a lo que la teoría misma se refiere. Nada cambia porque lo observemos, hablemos de ello o lo analicemos de una forma nueva. Keats recriminó a Newton por haber analizado el arco iris[27], pero lo cierto es que el arco iris siguió siendo tan bonito como siempre, y para muchos llegó a ser incluso más bello. El hombre no cambia porque le observemos, hablemos de él y lo analicemos científicamente. Sus conquistas científicas, políticas, religiosas, artísticas y literarias siguen siendo lo que siempre han sido, tan dignas de ser admiradas como lo es una tormenta en alta mar, el follaje de otoño, o una cumbre alpina, completamente al margen de sus orígenes y todavía intactas desde el punto de vista de un análisis científico. Lo que sí cambia es nuestra posibilidad de hacer algo respecto al sujeto de una teoría. El análisis de Newton de la luz, en el arco iris, fue un paso hacia el descubrimiento del láser.

La concepción tradicional del hombre es halagadora; confiere privilegios reforzantes. Por consiguiente, se la defiende con facilidad y sólo puede llegar a cambiarse con dificultad. Fue planificada con vistas a que el individuo quedara configurado como un instrumento de contracontrol, y así resultó efectivamente, pero de tal forma que frenó el progreso. Ya hemos visto cómo las literaturas de la libertad y la dignidad, con su preocupación por el ser autónomo, perpetúan el uso del castigo, al mismo tiempo que aprueban el uso de técnicas no punitivas débiles. Y no resulta difícil demostrar la conexión entre el derecho ilimitado del individuo de alcanzar la felicidad, por un lado, y las catástrofes que nos amenazan, por otro; ya sean los efectos de la sobrepoblación, el agotamiento de los recursos naturales, la destrucción del medio ambiente o el desencadenamiento de un conflicto nuclear.

Las tecnologías física y biológica han aliviado la peste y el hambre, y muchas características de la vida diaria que resultaban dolorosas, peligrosas y agotadoras. Por su parte, la tecnología conductual puede comenzar a aliviar males de otra naturaleza. Es muy posible que en el análisis de la conducta humana estemos ligeramente rezagados con relación a la posición de Newton al analizar la luz, pues sólo estamos comenzando ahora a realizar aplicaciones tecnológicas. Existen maravillosas posibilidades —tanto más maravillosas cuanto ineficaces han sido los puntos de vista tradicionales—. Es difícil imaginar un mundo en el que las personas convivan en paz; se mantengan mediante la producción del alimento, el cobijo y la ropa que necesiten; se distraigan y contribuyan a la distracción de otros, por medio del arte, la música, la literatura y los deportes; consuman solamente una parte razonable de los recursos naturales del mundo y eviten en lo posible la destrucción del medio ambiente; no engendren más hijos de los que pueden mantener y educar; continúen la exploración del mundo que les rodea y descubran mejores métodos para aprovecharlo; y lleguen, finalmente, a conocerse exactamente a sí mismos y, por consiguiente, sepan manejarse a sí mismos con eficacia. Con todo, por difícil que parezca, todo ello es posible, y aun el más insignificante signo de progreso debería proporcionar una forma de cambio que, en términos tradicionales, podría decirse que aliviaría la vanidad herida, eliminaría el sentido de desesperanza o nostalgia, corregiría la impresión de que "ni podemos ni necesitamos hacer nada por nosotros mismos", y promovería un "sentido de libertad y dignidad" mediante la creación de "un sentido de confianza y valor". En otras palabras, ese signo de progreso reforzaría cumplidamente a cuantos han sido inducidos por su cultura a trabajar en pro de su supervivencia.

*

El análisis experimental transfiere la determinación de la conducta del ser autónomo al ambiente; un ambiente responsable, tanto de la evolución de la especie como del repertorio adquirido por cada uno de sus miembros. Las versiones primitivas del ambientalismo resultaban inadecuadas porque no podían explicar cómo operaba el ambiente, y parecía mucho lo que quedaba al ser autónomo por hacer. Pero las contingencias ambientales adoptan ahora las funciones durante un tiempo atribuidas al ser autónomo, y así surgen diversas preguntas. ¿Queda, entonces "abolido" el ser humano? Ciertamente no, ni en cuanto especie, ni en cuanto individuo, en lo que la especie o el individuo pueden llegar a conseguir. Quien queda abolido es el ser autónomo interior, y esto significa un paso adelante. Pero, ¿entonces, no quedará el individuo reducido meramente al papel de víctima o de observador pasivo de cuanto le acontece? Ciertamente, queda controlado por su ambiente, pero debemos recordar que se trata de un ambiente en su mayor parte producto del ser humano mismo. La evolución de una cultura significa un ejercicio gigantesco de autocontrol. A menudo se asegura que la visión científica del hombre, o la consideración del hombre desde un punto de vista científico, produce vanidad herida, un sentido de desesperanza y nostalgia. Pero ninguna teoría cambia aquello a lo que la teoría se refiere; el individuo permanece siendo lo que siempre ha sido. Y una nueva teoría, no obstante, puede que cambie lo que se puede llegar a hacer con su materia objeto de estudio. Un punto de vista científico sobre el ser humano ofrece fascinantes posibilidades. Está todavía por ver lo que el ser humano puede llegar a hacer de sí mismo.

Notas*

Las notas aparecen a continuación, junto con referencias a temas tratados en otros libros del escritor, identificados como sigue:

CO	*La conducta de los organismos: Un análisis experimental* (ABA España, 2021, original 1938)
WD	*Walden Dos* (Martínez Roca, 1994, original 1948)
CCH	*Ciencia y conducta humana* (ABA España, 2022, original 1953)
CV	*Conducta verbal* (ABA España, 2023, original 1957)
PR	*Schedules of Reinforcement*, con Charles B. Ferster (Nueva York: Appleton-Century-Crofts, 1957)
RA	*Registro acumulativo*, edición revisada (ABA España, 2024, original 1961)
TE	*Tecnología de la enseñanza* (Nueva Colección Labor, 1970, original 1968)
CDR	*Contingencias del reforzamiento: Un análisis teórico* (Trillas, 1979, original 1969)

Capítulo 1

1. C. D. Darlington, *The Evolution of Man and Society* (La evolución del hombre y la sociedad). Citado en *Science*, 1970, 168, 1332.
2. Causa. Lo que ya no es común en la escritura científica sofisticada es la causalidad ¡empuje-empuje! de la ciencia del siglo XIX. Las causas a las que nos referimos aquí son, técnicamente hablando, las variables independientes de las que el comportamiento como variable dependiente es una función. *Véase* CCH, cap. 3.
3. Sobre la "posesión", véase CDR, cap. 9.
4. Herbert Butterfield, *Los orígenes de la ciencia moderna* (Taurus, 2019).
5. Karl R. Popper, *Of Clouds and Clocks* (St Louis: Washington University Press, 1966), pág. 15.
6. Eric Robertson Dodds, *Los griegos y lo irracional* (Alianza editorial, 2019).
7. Mente y comportamiento, *véase* CDR, cap. II. 8.
8. William James, What is an Emotion? (¿Qué es una emoción?) *Mind*, 1884, 9, 188-205.
9. El papel del ambiente, *véase* CDR, cap. 1.
10. René Descartes, *Traité de l'homme* (1662).
11. E. B. Holt, *Animal Drive and the Learning Process* (Nueva York: Henry Holt & Co. 1931).
12. Comportamiento "operante", *véase* CCH, cap. 5.

* *N. del E.:* se citan las ediciones en español si están disponibles. La paginación en las citas es la del autor y corresponde a las obras originales.

13. Aplicaciones prácticas de la conducta operante, *véase* Roger Ulrich, Thomas Stachnik y John Mabry, eds., *Control of Human Behavior*, vols. 1 y 2 (Glenview, III.: Scott, Foresman & Co., 1966 y 1970).
14. Joseph Wood Krutch, *New York Times Magazine*, 30 de julio de 1967.

Capítulo 2

1. Condicionamiento operante, *véase* CCH, caps. 5 y 11.
2. Sobre la agresión inducida por descarga eléctrica, *véase* N. H. Azrin, R. R. Hutchinson y R. D. Sallery, "Pain-aggression Toward Inanimate Objects", *J. Exp. Anal. Behav.*, 1964, 7, 223-8. *Véase* también, N. H. Azrin, R. R. Hutchinson y R. McLaughlin, "The Opportunity for Aggression as an Operant Reinforzador During Aversive Stimulation", *J. Exp. Anal. Behav.*, 1965, 8, 171-80.
3. Fueguinos, *véase* Marston Bates, *Where Winter Never Comes* (Nueva York: Charles Scribner's Sons, 1952), pág. 102.
4. Sobre los sentimientos, *véase* CDR, n. 8.7.
5. John Stuart Mill, *On Liberty* (1859), cap. 5.
6. Reforzamiento positivo, *véase* CCH, caps. 5 y 6.
7. Reforzadores condicionados, *véase* CCH, pág. 76.
8. Edmond y Jules de Goncourt, anotación del 29 de julio de 1860, *Journal: Mémoires de la vie littéraire* (Mónaco, 1956).
9. Programas de reforzamiento. Una breve explicación se encuentra en CCH, págs. 99-106. Para un amplio análisis experimental, véase PR.
10. Autocontrol, *véase* CCH, cap. 15.
11. Bertrand de Jouvenel, *Sovereignty*, trans. J. F. Huntington (University of Chicago Press, 1957).
12. Poder de conceder o retener un beneficio ilimitado, juez Roberts en EEUU contra Butler, 297 U.S. 1, 56 Sup. Ct 312 (1936).
13. Motivo o tentación no equivalente a coacción, juez Cardozo en Steward Machine Co. contra Davis, 301 U.S. 548, 57 Sup. Ct 883 (1937).
14. Libertad sin restricciones para reproducir o no reproducir, *véase* una carta a *Science*, 1970, 167, 1438.
15. Jean-Jacques Rousseau, *Emile ou De l'éducation* (1762).

Capítulo 3

1. Michel de Montaigne, *Essais*, III, ix (1580).
2. "Bribón de rodillas" *Otelo*, acto 1, escena 1.
3. Rudyard Kipling, "El vampiro".
4. François, duc de La Rochefoucauld, *Maximes* (1665).
5. Llevar carga una milla, *Mateo* 5:41.
6. Tocar las trompetas, *Mateo* 6:2.
7. Creatividad, *véase* B. F. Skinner, "Creating the Creative Artist", en *On the Future of Art* (Nueva York: The Viking Press, 1970). (También en RA, 3ª ed.). Ver también CCH, págs. 254-256.
8. J. F. C. Fuller, artículo sobre "Táctica", *Encyclopaedia Britannica*, 14ª ed.

Capítulo 4

1. Castigo, *véase* CCH, cap. 12.
2. Dinamismos freudianos, *véase* CCH, págs. 376-378.
3. Mandamiento bíblico, *Mateo* 18:8.
4. T. H. Huxley, "Sobre el discurso de Descartes sobre el método", en *Methods and Results Essays* (Nueva York: Macmillan, 1893), cap. I, pág. 14.
5. Joseph Wood Krutch, *The Measure of Man* (Indianápolis: Bobbs-Merrill, 1954), págs. 59-60. El Sr. Krutch informó más tarde que "pocas afirmaciones me han parecido más chocantes. Huxley parecía estar diciendo que, si pudiera, sería una termita antes que un hombre". ("Men, Apes, and Termites", *Saturday Review*, 21 de septiembre de 1963).
6. Mill on goodness, reseña de James Fitzjames Stephen, "Liberty, Equality, Fraternity", en *Times Literary Supplement*, 3 de octubre de 1968.
7. Raymond Bauer, *The New Man in Soviet Psychology* (Cambridge: Harvard University Press, 1952).
8. Joseph de Maistre, el pasaje fue citado en *New Statesman*, agosto-septiembre de 1957.

Capítulo 5

1. Sócrates como comadrona, *véase* la obra de Platón *Meno*.
2. Freud y la mayéutica, cita de Walter A. Kaufmann por David Shakow, "Ethics for a Scientific Age: Some Moral Aspects of Psychoanalysis", *The Psychoanalytic Review*, otoño de 1965, 52, nº. 3.
3. Alexis de Tocqueville, *La democracia en América*, trans., Raimundo Viejo Viñas (Akal, 2007).
4. Ralph Barton Perry, *Pacific Spectator*, primavera de 1953.
5. Pistas y ayudas, *véase* CV, cap. 10.
6. Discriminación operante, *véase* CCH, cap. 7.
7. Editorial sobre el aborto, *Time*, 13 de octubre de 1967.

Capítulo 6

1. Reforzadores positivos, *véase* nota 13 del cap. 1.
2. Sobre la importancia de los reforzadores en la evolución de la especie, *véase* CDR, cap. I, pág. 13.
3. Condicionamiento respondiente, *véase* CDR, cap. III. 4.
4. Sobre el aprendizaje de respuestas a estímulos particulares, *ver* CCH, cap. IV.
5. Eric Robertson Dodds, *The Greeks and the Irrational* (Berkeley: University of California Press, 1951).
6. Sobre "debería", *véase* CCH, pág. 429.
7. Karl R. Popper, *La sociedad abierta y sus enemigos* (Paidós, 2007).
8. Para tratar ampliamente instituciones como el gobierno, la religión, la economía, la educación y la psicoterapia, véase CCH, sec. 5.
9. Abraham H. Maslow, *Religiones, valores y experiencias cumbre* (La Llave, 2013).
10. Dante, *El Infierno*, canto 3.
11. Jean-Jacques Rousseau, *Diálogos* (1789).

Capítulo 7

1. El núcleo esencial de la cultura Alfred L. Krober y Clyde Kluckhohn, "Culture: A Critical Review of Concepts and Definitions", publicado en *Harvard University Peabody Museum of American Archaeology and Ethnology Papers*, vol. 47, nº 1 (Cambridge, 1952, edición en rústica de 1963).
2. La geografía de Roma, *véase*, por ejemplo, F. R. Cowell, *Cicero and the Roman Republic* (Londres: Pitman & Sons, 1948).
3. Darwinismo social, *véase* Richard Hofstadter, *Social Darwinism in American Thought* (Nueva York: George Braziller, 1944).
4. Leslie A. White, *The Evolution of Culture* (Nueva York: McGraw-Hill Book Co., 1959).
5. El lenguaje crece como un embrión, *véase* Roger Brown y Ursula Bellugi, "Three Processes in the Child's Acquisition of Syntax", *Harvard Educational Review*, 1964, 34, nº 2, 133-151.
6. El lenguaje del niño asilvestrado Eric H. Lenneberg, en *Biological Foundations of Language* (Nueva York: John Wiley & Sons, Inc., 1967), adopta la postura contraria de la mayoría de los psicolingüistas de que alguna facultad interna no experimenta un "desarrollo normal" (pág. 142).

Capítulo 8

1. Cambiar los sentimientos. Puede parecer que los sentimientos cambian cuando animamos a una persona con una copa o dos o cuando ella misma "reduce los rasgos aversivos de su mundo interno" bebiendo o fumando marihuana. Pero lo que cambia no es el sentimiento sino la condición corporal sentida. El diseñador de una cultura cambia los sentimientos que acompañan al comportamiento en su relación con el ambiente, y lo hace cambiando el ambiente.
2. Observar las contingencias de reforzamiento. *Véase* CDR, págs. 8-10.
3. Manejo de contingencias. Para una conveniente recopilación de informes, véase Roger Ulrich, Thomas Stachnik y John Mabry, eds., *Control of Human Behavior*, vols. 1 y 2 (Glenview, III.: Scott, Foresman & Co., 1966 y 1970).
4. Las utopías como culturas experimentales, *véase* CDR, cap. 2.
5. Utopías conductuales. *Un mundo feliz* (1932) de Aldous Huxley es sin duda la más conocida. Era una sátira, pero Huxley se retractó y probó suerte con una versión seria en *La isla* (1962). La psicología dominante del siglo XX, el psicoanálisis, no engendró utopías. El *Walden Dos* del autor describe una comunidad diseñada esencialmente sobre los principios que aparecen en el presente libro.
6. Walter Lippmann, *New York Times*, 14 de septiembre de 1969.
7. Joseph Wood Krutch, *The Measure of Man* (Indianápolis: Bobbs-Merrill, 1954).
8. "No me gustaría". Según Krutch, Bertrand Russell respondió así a la queja: "No estoy en desacuerdo con el Sr. Krutch en cuanto a lo que me gusta y lo que no me gusta. Pero no debemos juzgar la sociedad del futuro considerando si nos gustaría o no vivir en ella; la cuestión es si los que han crecido en ella serán más felices que los que han crecido en nuestra sociedad o en las del pasado". Joseph Wood Krutch, "Peligro: Utopia Ahead", *Saturday Review*, 20 de agosto de 1966. Que a la gente le guste un modo de vida tiene que ver con el problema de la desafección, pero no apunta a un valor último según el cual deba juzgarse un modo de vida.
9. Feodor Dostoyevski, *Memorias del subsuelo* (CreateSpace, 2016).

10. Arthur Koestler, *The Ghost in the Machine* (Londres: Hutchinson, 1967). *Véase* también "La edad oscura de la psicología", Listener, 14 de mayo de 1964.
11. Peter Gay, *New Yorker,* 18 de mayo de 1968.
12. *Times Literary Supplement* (Londres), 11 de julio de 1968.
13. Ramakrishna *Véase* Christopher Isherwood, *Ramakrishna and His Disciples* (Londres: Methuen, 1965).
14. Según Michael Holroyd, en Lytton Strachey: *The Unknown Years* (Londres: William Heineman, 1967), el concepto de conducta moral de G. E. Moore puede resumirse como la predicción inteligente de consecuencias prácticas. Sin embargo, lo importante no es predecir las consecuencias, sino hacer que influyan en el comportamiento del individuo.
15. El científico "puro", *véase* P. W. Bridgman, "La lucha por la integridad intelectual", *Harper's Magazine*, diciembre de 1933.
16. "Necesidad innata", George Gaylord Simpson, *The Meaning of Evolution* (New Haven: Yale University Press, 1960).
17. P. B. Medawar, *The Art of the Soluble* (Londres: Methuen & Co., 1967), pág. 51. Según Medawar, "el pensamiento de Spencer adquirió un cariz más oscuro en años posteriores por razones esencialmente termodinámicas". Reconoció la posibilidad de una "decadencia secular del orden y una disipación de la energía". Se sugiere una terminación no funcional en la maximización de la entropía. Spencer creía que la evolución "llegaba a su fin cuando se alcanzaba un cierto estado de equilibrio".
18. Alfred Lord Tennyson, *In Memoriam* (1850).
19. Superstición, *véase* CCH, págs. 84-87.
20. Ocio, *véase* CDR, págs. 67-71.
21. John Milton, *El paraíso perdido*, libro 1.

Capítulo 9

1. Crane Brinton, *Anatomy of a Revolution* (Nueva York: W. W. Norton & Co., Inc., 1938), pág. 195.
2. G. M. Trevelyan, *English Social History* (Londres: Longmans, Green & Co., 1942; Penguin Books, 1967).
3. Gilbert Seldes, *The Stammering Century* (Nueva York: Day, 1928).
4. Aprender a ver y percibir, *véase* CDR, cap. 8.
5. Reglas y conocimientos científicos, *véase* CDR, págs. 123-125 y cap. 6.
6. Vico George Steiner, citando a Isaiah Berlin, *New Yorker*, 9 de mayo de 1970, págs. 157-158.
7. Conciencia y darse cuenta, *véase* CCH, cap. 17.
8. Procesos mentales de generalización, abstracción, etc. *Véase* CDR, págs. 274 y ss., y TE, pág. 120.
9. resolución de problemas, *véase* CCS, págs. 246-254 y CDR, cap. 6.
10. Sobre la interpretación de los "correlatos fisiológicos", *véase Brain and Conscious Experience* (Nueva York: Springer-Verlag, 1966), que, según un crítico del libro ("Science and Inner Experience", de Josephine Semmes, *Science*, 1966, 154, 754-756), informaba de una conferencia celebrada "para considerar la base material de la actividad mental".
11. Toro paleolítico atribuido al profesor René Dubos por John A. Osmundsen, *New York Times*, 30 de diciembre de 1964.
12. Copias internas del ambiente, *véase* CDR, págs. 247 y ss.
13. Wilson Follett, *Man and His Gods* (Nueva York: Hill & Wang, 1966).

14. Pecado y pecaminoso, *véase* Homer Smith, *Man and His Gods* (Boston: Little, Brown, 1952), pág. 236.
15. *Science News*, 20 de diciembre de 1969.
16. El yo, *véase* CCH, cap. 18.
17. Joseph Wood Krutch, "Epitafio para una época", *New York Times Magazine*, 30 de junio de 1967.
18. La cita procede de una reseña de la obra de Floyd W. Matson *The Broken Image: Man, Science, and Society* (Nueva York: George Braziller, 1964) en *Science*, 1964, 144, 829-830.
19. Abraham H. Maslow, *Religiones, valores y experiencias cumbre* (La Llave, 2013).
20. C.S. Lewis, *La abolición del hombre* (Vórtice, 2014).
21. Fuente externa de poder, J. P. Scott, "Evolution and the Individual", Memorándum preparado para la *American Academy of Arts and Sciences Conferences on Evolutionary Theory and Human Progress* (28 de noviembre de 1960).
22. Debido a las diferencias en los modos de transmisión, una "generación" significa cosas muy distintas en la evolución biológica y en la cultural. Con respecto a la evolución cultural es poco más que una medida de tiempo. Los cambios en una cultura ("mutaciones") pueden producirse y transmitirse muchas veces en una sola generación,
23. Etienne Cabet, *Voyage en Icarie* (París, 1848).
24. *Véase* Ernst Mayr, "Agassiz, Darwin and Evolution", *Harvard Library Bulletin*, 1959, 13, nº 2.
25. Ernest Jones, *Vida y obra de Sigmund Freud* (Anagrama, 1981).
26. H. Stuart Hughes, *Consciousness and Society* (Nueva York: Alfred A. Knopf, 1958).
27. Según Oscar Wilde en una carta a Emma Speed, 21 de marzo de 1882. Rupert Hart-Davis, ed., *The Letters of Oscar Wilde* (Londres, 1962).

Índice analítico y onomástico

www.ingramcontent.com/pod-product-compliance
Ingram Content Group UK Ltd.
Pitfield, Milton Keynes, MK11 3LW, UK
UKHW041638190726
13854UKWH00006B/2563

9 788409 519606